Provocações existenciais

A vida tem sentido?

Dom Edmar José da Silva

Provocações existenciais

A vida tem sentido?

Paulinas

Dados Internacionais de Catalogação na Publicação (CIP)
Angélica Ilacqua CRB-8/7057

Silva, Edmar José da
Provocações existenciais : a vida tem sentido? / Dom Edmar José da Silva. – São Paulo : Paulinas, 2025.
128 p. (Coleção Fonte de vida)

ISBN 978-65-5808-327-6

1. Vida 2. Vida cristã 3. Filosofia 4. Existência I. Título

24-5289 CDD 248.4

Índices para catálogo sistemático:
1. Vida

1ª edição – 2025
1ª reimpressão – 2025

Direção-geral: *Ágda França*
Editora responsável: *Marina Mendonça*
Copidesque: *Ana Cecilia Mari*
Gerente de produção: *Felício Calegaro Neto*
Capa: *@ EyeEm/freepik.com*
Produção de arte: *Elaine Alves*

Cadastre-se e receba nossas informações
paulinas.com.br
Telemarketing e SAC: 0800-7010081

Paulinas
Rua Dona Inácia Uchoa, 62
04110-020 – São Paulo – SP (Brasil)
(11) 2125-3500
editora@paulinas.com.br

"Quem vive realmente
não é só quem tem gosto pela vida,
mas sim quem contribui para espalhá-la,
atiçá-la ao seu redor."

Gabriel Marcel

Sumário

Apresentação

Depois de vários anos como docente na Faculdade Dom Luciano Mendes e também de exercício no ministério sacerdotal, o querido Dom Edmar nos presenteia com o livro *Provocações existenciais*. É um título instigante e que surge com o desejo de chamar – "pro-*vocare*" – nossa atenção para uma questão importante: a vida tem sentido?

Numa espécie de "fenomenologia do cotidiano", o livro recolhe indagações que fazemos a partir das experiências vividas no dia a dia, trazendo desde perguntas mais simples às mais complexas, que nos acompanham ao longo da vida. *Provocações existenciais* desponta como um convite a pensar, instigando-nos a sair da mesmice e a encontrar sentido nas experiências mais corriqueiras e triviais da vida.

A obra inicia convidando-nos a assumir a nossa condição de peregrinos – *homo viator* – na busca da sabedoria, remetendo-nos ao pensador francês Gabriel Marcel, e prossegue com uma interpelação voltada para *onde* encontrar o sentido, a partir da obra *Ética a Nicômaco*, de Aristóteles. Em cada página que abrimos, defrontamo-nos com uma palavra que nos lança aos grandes temas da filosofia e da teologia, dentre outras áreas afins, como a psicologia, a espiritualidade e a educação.

No decorrer do texto, deparamo-nos com apelos variados, como, por exemplo, o exorcismo da desesperança, além da exploração de temas ligados ao amor e à memória reconciliada, como condição necessária para a experiência do perdão. Além desses temas que transitam entre a filosofia e a teologia, o autor nos provoca com questões que nos deixam bastante perplexos, como, por exemplo, o delírio da onipotência humana e o aprendizado com a morte. Para tal, recorre à reflexão de filósofos modernos e contemporâneos, como Pascal e Heidegger.

Nesse sentido, a obra surge bem no espírito daquilo que Heidegger chama de "angústia". Trata-se de "estados emotivos" radicados no "chão de nosso ser". Diferentemente do mero sentimento de "medo", que tem um objeto determinado, as provocações existenciais, na maioria das vezes, nascem da falta, da ausência de um objeto determinado. É o sentimento de dor que sentimos pelo sofrimento do outro. Onde encontrar, portanto, um sentido nesse indeterminado que, muitas vezes, está sem rosto, mas que nos amedronta no cotidiano de nossa vida? Por exemplo, o sentido da insônia, de uma noite maldormida, de uma pergunta sem resposta que precisamos suportar e acalmar.

Como se pode ver, os temas trabalhados pelo autor são aqueles retirados do cotidiano, mas há uma peculiaridade no modo de abordá-los que faz o leitor se apaixonar pela leitura da obra e se envolver pela beleza e poesia da escrita. Há um olhar atento a partir da realidade que nos cerca, provocando-nos uma reflexão crítica e atenta da realidade.

E, assim, numa atitude de discernimento, o texto nos faz um apelo para uma tomada de "de-*cisão*" bem no espírito das provocações! Há um sincero exercício do pensar em cada texto. Em tempos de tanta perplexidade como este no qual vivemos, de banalidade do sentido da vida, da dor, do sofrimento e da própria morte, o livro surge como uma luz que alimenta as alegrias e as esperanças do leitor atento, na busca de levá-lo a um pensar autêntico e a uma busca sincera de si mesmo. Poder-se-ia colocar, portanto, na abertura da obra, a frase do templo de Delfos: "Conhece-te a ti mesmo"!

E, para o autoconhecimento, o autor revisita não somente os pensadores da filosofia, mas também teólogos, místicos e poetas que nos interpelam a partir de um lugar próprio, a saber, o da densidade da palavra. E, assim, há outros temas existenciais que ganham beleza poética através do autor, como: a vida como grande mestra, a arte de recomeçar, a arte de dizer a verdade, saudade – "presença do ausente". Para cada um desses temas, o autor nos convida também a ler as poetisas Adélia Prado e Cora Coralina; os poetas Carlos Drummond de Andrade, Pablo Neruda e Alceu de Amoroso Lima, dentre outros.

Essa riqueza de autores variados torna bela e envolvente a leitura, mesmo que o conteúdo possa abrir fendas em nós, tocando também as feridas abertas e não cicatrizadas de nossas histórias, como, por exemplo, quando explora temas como o da memória reconciliada, que nos instiga para o perdão, do sentido da dor, do sofrimento e da morte, bem como o da saudade, como uma "presença ausente". Por mais que esses assuntos tenham um contorno poético, na abordagem dos mesmos há um grito quase incontrolável das palavras que nos inquietam. Essa é uma característica fortíssima dos textos de nosso querido Dom Edmar. Há uma busca sincera por entender o porquê de tudo que acontece à nossa volta.

Viver exige uma atenção acurada e uma escuta atenta da realidade que nos cerca. E o autor nos provoca nessa direção, com um olhar de esperança e sem perder a ternura!

Caro leitor, você está convidado a descobrir em cada página a beleza dessas provocações existenciais!

Edvaldo Antônio de Melo

Presbítero da Arquidiocese de Mariana, Doutor em Filosofia pela Pontifícia Universidade Gregoriana, professor, coordenador do Curso de Filosofia e diretor acadêmico da Faculdade Dom Luciano Mendes (FDLM) de Mariana, MG

Introdução

No início de 2020, o jornalista Tino Ansaloni, fundador do jornal virtual *Voz Ativa* (cidade de Ouro Preto, MG), me fez o honroso convite de tornar-me colunista do seu respeitado veículo de comunicação na região mineira dos Inconfidentes. Prontamente aceitei o convite, com alegria e entusiasmo.

Desejoso de tratar de temas que interessassem a todos e não somente aos que professam a fé cristã, concentrei as temáticas dos artigos em questões existenciais, como: amor, esperança, perdão, diálogo, sentido da vida, morte, silêncio, recomeço, verdade, aprendizado com a vida, inteligência emocional, reconciliação com o passado, precariedade humana etc. Escrevi os artigos com o sincero desejo de despertar em cada leitor uma reflexão sobre questões existenciais de interesse universal. Além disso, almejava que essa reflexão pudesse produzir frutos de amor e esperança na vida daqueles que se debruçassem sobre os escritos. Daí o título da coluna: “Palavras de vida e esperança”.

O título desta obra faz referência a um outro livro de minha autoria, intitulado *Provocações éticas*. Trata-se de uma coletânea de artigos que versam sobre questões éticas, publicados pelo Caderno “Opinião” do jornal mineiro *O Tempo*. Como esta obra que ora apresento é também uma coletânea de artigos que têm como finalidade instigar e provocar o leitor a pensar sobre temas e problemas de alta relevância e complexidade existencial, optei por dar-lhe o nome de *Provocações existenciais: a vida tem sentido?* Mais do que oferecer respostas prontas e acabadas para as questões levantadas e os temas abordados, meu desejo é sensibilizar o leitor a continuar procurando respostas ou luzes para essas realidades autoimplicativas e desafiadoras.

Os textos estão povoados da contribuição de renomados filósofos, teólogos e poetas, mas sem a preocupação de oferecer as citações bibliográficas completas. Isso é justificado pelo fato de terem sido escritos para serem publicados em jornal, o que não exige o rigor de um artigo científico. Esse aspecto também se reveste de caráter provocativo, à medida que o leitor, instigado pela leitura, se lança numa pesquisa mais aprofundada a respeito das temáticas tratadas e dos autores citados. Para ajudar nesta empreitada, apresentamos, no final do livro, algumas sugestões de leituras ligadas aos temas tratados nos diversos artigos.

Cada capítulo desta obra deve ser saboreado calmamente, de forma a ser digerido e assimilado na própria existência. Não é um livro a ser lido apressadamente, mas a ser vivenciado. Creio que não será possível sair ileso da leitura desta obra!

Nas estradas da vida, somos peregrinos ou andarilhos?

Existe um pensador cristão, de origem francesa, com o qual muito me identifico, chamado Gabriel Marcel (1889-1973). Este filósofo constrói todo o seu sistema filosófico de cunho existencialista sobre a ideia de que o ser humano é *homo viator*, ou seja, é um ser a caminho ou um ser itinerante. A existência humana é caracterizada por sua dinamicidade, um contínuo caminhar, um itinerário aberto e inconcluso que precisa ser definido ou redefinido cotidianamente. E o mais importante: o ser humano pode escolher percorrer seu caminho existencial como andarilho ou como peregrino, e qualquer uma dessas escolhas terá consequências muito importantes para o seu caminhar.

Quem é o peregrino? O peregrino é aquele ser humano que conhece o seu ponto de partida e o caminho que precisa percorrer para chegar ao destino ou à meta por ele traçada. Ele tem uma rota definida, um percurso determinado, um itinerário, um norte que deve ser seguido para alcançar o objetivo almejado. Pode até ser que exista mais de uma possibilidade para se chegar à meta almejada, mas o peregrino sabe que deve escolher apenas uma. Para ele, o caminhar não se faz de modo solitário, mas é uma experiência comunitária. Sempre caminha considerando os demais, sabendo da importância deles para seu crescimento humano e espiritual.

Do ponto de vista existencial, o peregrino é aquele que tem propósitos bem definidos na vida, tem um projeto existencial e, por isso, traça metas e se esforça para alcançá-las, em vista do horizonte maior da sua existência. Caminhar neste mundo como peregrino não é fácil, mas dá mais segurança e firmeza na caminhada. Algumas vezes, a caminhada é lenta, sofrida, mas é alimentada pelo horizonte que se pretende alcançar.

Quem é o andarilho? O andarilho é aquele ser humano que, por motivos diversos, não sabe o seu ponto de partida, não tem clareza do lugar aonde deseja chegar, por isso, também não tem convicção sobre qual caminho percorrer. Qualquer caminho serve e não serve ao mesmo tempo. Ele é um desnorteado, um sem rumo, alguém que caminha solitário, pois não tem propósito nem objetivo. Alguns podem até dizer que o andarilho é verdadeiramente livre, porque não se aprisiona a nada e a ninguém. Tenho receio dessa liberdade.

O andarilho é alguém que sofre muito, porque, no contexto social, está desprovido do básico e é vítima de preconceitos e marginalização.

Do ponto de vista existencial, ele é aquele ser humano que caminha neste mundo de modo solitário, sem horizonte, sem meta ou sentido para a própria existência. Abandonou seus sonhos e utopias e, sem eles, muitas vezes, perdeu também o entusiasmo para caminhar. A utopia e os sonhos, como afirma Eduardo Galeano (escritor uruguaio), servem para nunca se deixar de caminhar.

E você? Na sua experiência de vida, já escolheu como deseja percorrer o seu caminho existencial? Creio que a vida fica menos pesada e exigente se caminharmos como peregrinos, tendo algo maior ou alguém que nos motive, sustente-nos e dê sentido à nossa caminhada. Permita-me lhe confidenciar: eu encontrei, em Deus, a minha razão de caminhar na fé! Isso não significa que a minha caminhada seja fácil e romântica, mas que tenho um horizonte transcendental e sagrado que me faz perseverar como peregrino neste mundo tão complexo e tão desafiante, na companhia fraterna de outros peregrinos e andarilhos da vida.

A vida tem sentido?

Qual é o sentido da sua vida? Esta pergunta autoimplicativa é recorrente e decisiva na vida de todo ser humano e diz respeito à sua existência como um todo. É uma das questões humanas mais importantes, mas é também uma das mais exigentes e complexas. Enfrentando a urgência e a complexidade dessa questão, Santo Agostinho afirmava que o sentido é "uma região difícil e de muito suor" (*Confissões*, X, 16, 25). Chamando a atenção para a necessidade de refletir sobre essa temática existencial, Sócrates concluiu que: "uma vida sem busca é indigna do ser humano" (*Apologia*, 38 a). Portanto, faz-se extremamente necessário pensar essa questão, que pode ser tratada sob diversas perspectivas, dentre elas, a que ora propomos.

Primeiro, devemos entender o que significa o termo "vida": evidentemente, na questão posta, não podemos entender a vida apenas no seu aspecto físico, biológico e orgânico, mas sim como a totalidade da existência humana no seu dinamismo próprio. No ser humano, além da vida biológica, existem outras formas verdadeiras de vida, como a intelectual (pensar), a ética (abertura ao outro) e a espiritual (abertura ao transcendente). Por isso, somente o ser humano, no exercício cotidiano do seu dinamismo existencial, tem condições de buscar o sentido da sua vida.

O termo "sentido", por sua vez, pode ser entendido fundamentalmente como a finalidade dada à própria existência. Os pensadores antigos não tratavam literalmente do tema do sentido, mas acenavam para essa importante questão usando os termos "fim último" ou "fim supremo" do ser humano. Perguntar pelo fim último ou supremo do ser humano é perguntar pelo sentido da sua vida. Portanto, sentido pode ser compreendido como o propósito da existência ou a causa final da vida humana. Afirmar que a vida tem sentido é afirmar que ela tem um *telos*, um propósito, um objetivo, um escopo, uma intenção, uma razão de ser, um ideal a ser alcançado.

Sentido pode ser compreendido ainda como valor. Perguntar se a vida tem sentido é perguntar se ela tem valor em si mesma. Sentido pode ser ainda entendido como direção. Ter sentido na vida é ter um norte, um rumo, uma direção precisa, um "para onde ir". Nesse aspecto, ter sentido na vida é não viver desnorteado ou desorientado. Pois, para quem não sabe para onde ir, não há caminho que lhe sirva.

Faz muita diferença ter ou não ter um sentido na vida! Aquele que desvendou o sentido da vida, no âmbito da racionalidade, descobriu a razão de ser da própria existência; no âmbito da vontade, possui motivação e esperança para viver, porque tem algo que o move para a frente, gerando entusiasmo e alegria.

O sentido é o centro de convergência de todas as experiências humanas, é o fim (sentido de finalidade) que internamente dá unidade a tudo. Ele introduz na vida do ser humano um *pathos*, uma vibração particular, um encanto especial, uma beleza existencial. O sentido dá cor e sabor à existência humana.

Você já descobriu o sentido da sua existência? Lembre-se sempre disso: o sentido da sua vida vai perdurar na proporção em que durar o objeto no qual você atribuiu esse sentido. Portanto, aceite este conselho: caminhe neste mundo usufruindo das coisas que são passageiras, mas deposite o sentido da vida nas realidades que não são passageiras. Desse modo, o sentido da sua vida também permanecerá.

Onde encontrar o sentido da vida?

No campo da filosofia, hoje se fala muito de niilismo existencial. O vocábulo "niilismo" se origina da palavra latina *nihil*, que significa nada. O niilismo é, portanto, o mergulho no nada da existência humana. Para os niilistas, a vida não tem sentido, é um absurdo, no qual a existência humana não encontra nada que possa oferecer a tão almejada segurança. Não comungo dessa forma niilista de enxergar a existência humana, pois acredito que a vida tem sentido e que este deve ser buscado com foco e determinação. Mas onde encontrar o sentido? Este é o questionamento que nos interessa responder neste capítulo.

O princípio existencial básico que deve nortear toda humana busca de sentido deve ser este: "O sentido da vida vai perdurar na proporção em que durar o objeto ou a realidade na qual depositamos esse sentido". Consciente desse princípio, concluo que existem realidades nas quais não podemos colocar o sentido último da nossa vida, porque, por serem flexíveis, passageiras, sujeitas às instabilidades próprias da vida, fariam com que estivéssemos inclinados a perdê-lo a qualquer momento.

Há um grupo de pessoas que depõe o sentido último da existência (a razão de ser e a motivação para viver) nas coisas, nos objetos, nos bens materiais. Neste mundo fortemente marcado pelo materialismo e consumismo, muitos pensam que o sentido da vida está em adquirir coisas, acumular bens, ostentar uma vida repleta de bem-estar material que seja digna de causar inveja. Para eles, a lógica que move a vida é esta: a felicidade está na aquisição e no acúmulo dos bens materiais e nos prazeres e honrarias que deles podem derivar: fama, sucesso, status social, seguidores nas redes sociais etc.

O grande filósofo grego Aristóteles, na obra *Ética a Nicômaco*, refletindo sobre a felicidade como a finalidade última da existência humana, faz questão de frisar que ela não se encontra em uma vida de prazeres, nem está nas honras humanas e nem mesmo no acúmulo de riquezas. Fazendo uso do princípio existencial básico que norteia nossa reflexão, concluiremos facilmente que aqueles que depositam o sentido da vida nos bens materiais e nos prazeres e honrarias que eles podem oferecer, estão fadados a perder o sentido da vida à medida que essas realidades materiais se dissiparem e, juntamente com elas, todos os prazeres e honrarias que delas derivam.

Há ainda aqueles que depositam o sentido último da existência nas pessoas: membros da família, filho, namorado, noivo, marido, esposa, amigos, ídolos humanos. O problema é que tudo que é humano está sujeito às limitações próprias do humano: decepções, traições, frustrações etc. Alguém que depõe o sentido último da vida em um ser humano corre o risco de a qualquer momento perder esse sentido, porque pode decepcionar-se, frustrar-se, ser traído ou ser privado da companhia da pessoa querida por algum motivo. Além disso, o ser humano é mortal, efêmero e contingente. Portanto, aplicando o princípio existencial básico da nossa reflexão, não convém colocar o sentido da vida em nenhum ser humano, por mais importante que ele seja para nós.

Se não podemos colocar o sentido da vida nem nas coisas nem nos seres humanos, a pergunta permanece: onde buscar o sentido da vida? Fiel ao princípio que norteia a nossa reflexão, devemos buscar o sentido mais profundo da vida em algo que não passa, que permanece, em uma realidade na qual não estaremos sujeitos às intempéries da vida. Para os que professam a fé cristã, essa realidade tem um nome: Deus. Santa Teresa de Ávila (1515-1582), grande mística carmelita e doutora da Igreja, escreveu um belíssimo poema em forma de oração que traduz bem o sentimento de quem deposita toda a sua confiança e o sentido da vida em Deus:

> Nada te perturbe, nada te espante,
> Tudo passa, Deus não muda,
> A paciência tudo alcança;
> Quem a Deus tem, nada lhe falta:
> Só Deus basta.

Eleva o pensamento, ao céu sobe,
Por nada te angusties, nada te perturbe.
A Jesus Cristo segue, com grande entrega,
E, venha o que vier, nada te espante.
Vês a glória do mundo? É glória vã;
Nada tem de estável, tudo passa.

Deseja as coisas celestes, que sempre duram;
Fiel e rico em promessas, Deus não muda.
Ama-o como merece, Bondade Imensa;
Quem a Deus tem, mesmo que passe por
momentos difíceis;
Sendo Deus o seu tesouro, nada lhe falta.
Só Deus basta!

Alguém que estiver lendo este texto e não professar a fé cristã poderá questionar a validade da minha sugestão em colocar o sentido da vida em Deus. A minha resposta é: o princípio usado para a condução da nossa reflexão me levou a encontrar em Deus o sentido último da vida porque somente ele não passa, somente ele permanece; ele é a única realidade estável no meio das instabilidades deste mundo contingente e efêmero. Os que não acreditam em Deus são desafiados a me mostrar outra realidade que contemple o princípio que norteou esta reflexão. Caso contrário, continuarão colocando o sentido da vida nas coisas ou pessoas e correrão um sério risco de perdê-lo ao longo da própria existência.

Ainda bem que o ser humano é capaz de refazer o sentido da vida em qualquer etapa da sua existência.

O exorcismo da desesperança

Existem períodos da história que são marcados por tantos desafios que até os mais otimistas e esperançosos parecem mergulhar numa espécie de pessimismo, tornando a realidade ainda mais pesada e mais difícil de ser encarada e administrada. No Brasil, vivemos um desses períodos durante os anos de 2020 a 2022.

Em fevereiro de 2020, noticiou-se o primeiro caso de coronavírus no nosso país. A princípio, pensava-se que era apenas uma doença simples, algo que passaria rápido, que afetaria um grupo pequeno de pessoas e que não deixaria rastros tão mortais. Mas não foi a isso que assistimos estarrecidos: os casos de infectados se multiplicaram, os óbitos cresceram e os hospitais de grandes capitais entraram em colapso, obrigando os profissionais da saúde a fazerem a terrível escolha de quem deveria ser atendido primeiro, que, nesse caso, muitas vezes, equivaleria a escolher quem iria viver ou quem iria morrer. O que vimos foi uma tragédia anunciada se concretizando lenta e cotidianamente no nosso sistema de saúde, afetando tragicamente milhares e milhares de famílias.

Além disso, antes do surgimento do coronavírus, o nosso país enfrentava uma crise econômica de grandes proporções e, naquela ocasião, o país contava com quase 12 milhões de desempregados. Portanto, já não estava fácil sobreviver nesse contexto econômico crítico e desafiador. O problema foi que, com a pandemia, a crise econômica se alastrou por todo o mundo, gerando desafios enormes, inclusive para economias consideradas fortes e robustas.

Diante de toda essa situação caótica, uma constatação era inevitável: o povo brasileiro, que era tão otimista e criativo para driblar as crises, estava perdendo aquela que é a "última que morre": a esperança. Portanto, nesse contexto, tornava-se urgente exorcizar a desesperança. Mas como?

Primeiro, devemos recordar que a palavra "crise" traz consigo a ideia de acrisolar, purificar, depurar, limpar. Portanto, a crise pode ser ocasião privilegiada de revisão, de crescimento, de purificação, de amadurecimento e de fortalecimento. Nem tudo está perdido! As diversas crises pelas quais o nosso país passava poderiam ser ocasiões privilegiadas de revisão visceral da nossa realidade e de florescimento de um novo Brasil, mais forte, mais justo, mais tolerante, mais humano e mais fraterno.

Em segundo lugar, para os que professam a fé cristã, acreditamos que, para além da cruz, existe a ressurreição; para além do túmulo, há vida. Claro que a visão cristã não nos deve alienar em um otimismo "cego" e "descontextualizado", mas, a certeza da presença amorosa de Deus, que nos acompanha, nos faz olhar sempre para a frente com olhar de esperança e de confiança naquele que nunca abandona seu povo.

Além disso, no que se refere à pandemia do coronavírus, assistimos naquele período a atitudes muito comoventes de cuidado com o outro, de solidariedade, de carinho e de doação da própria vida, especialmente por parte dos profissionais da área da saúde. Era possível encontrar, em meio a tanto sofrimento, dor e morte, sinais eloquentes de vida e de esperança. Em todo o mundo, esses heróis anônimos foram aplaudidos, reconhecidos e admirados. Nem tudo estava perdido! Havia muito de humanidade em meio a essa crise.

Quero deixar um convite a você, leitor: não se deixe envolver pelo espírito maligno da desesperança e do pessimismo. Alimente a sua esperança, garimpando, em meio ao caos, os sinais de vida e de amor. E lembre-se: seja você também motivo de esperança para outros. Assim como a fênix, que, na mitologia grega, renasce das próprias cinzas, regenerando-se sempre depois da sua morte, assim foi e será o Brasil e a vida de cada um de nós. A esperança nunca acaba, e sempre é possível refazer-nos com os destroços que restaram das nossas próprias "cinzas".

A pandemia do amor

Devido ao surto do novo coronavírus, a Covid-19, acontecido de 2020 a 2022, a palavra "pandemia" tornou-se um dos vocábulos mais discutidos e comentados naquele período. Nunca se falou tanto em pandemia como naquela ocasião. O *Dicionário Aurélio* distingue epidemia de pandemia do seguinte modo: epidemia, na medicina, é uma "doença infecciosa e contagiosa que se espalha ou ataca com rapidez um grande número de pessoas, numa determinada região". Como exemplo, cita-se a epidemia de dengue, presente em algumas regiões do Brasil. Já a pandemia é definida como "doença infecciosa e contagiosa que se espalha muito rapidamente e acaba por atingir uma região inteira, um país, continente etc. No sentido figurado, é qualquer coisa que, concreta ou abstrata, se espalha rapidamente e tem uma grande extensão de atuação". No caso do coronavírus, a palavra "pandemia" se aplicava bem, visto que todo o planeta Terra estava sofrendo as ameaças desse invisível inimigo. Etimologicamente, a palavra "pandemia" é a junção de dois vocábulos gregos: *pan*, que significa todo ou por inteiro, e *demos*, que significa povo. Portanto, a Covid-19 foi uma doença que se espalhou rapidamente e afetou a população do mundo inteiro, não respeitando nenhuma fronteira geográfica, social, cultural, étnica, religiosa ou moral. Tornou-se um problema mundial que requeria soluções e atitudes também globais.

Diante de qualquer realidade que ameace a vida do ser humano, a sua primeira reação, natural e instintiva, é buscar proteção para si próprio ou, no máximo, para aqueles que ama e que fazem parte da sua vida. E aí mora o perigo: o de o ser humano isolar-se, focando somente na sua autopreservação, ou os países se fecharem em seus próprios interesses, na tentativa de beneficiar e preservar sua população local, esquecendo-se de que o sofrimento é mundial e que as soluções devem ser partilhadas solidariamente.

Porém, na contramão dessa possível tendência egoísta e egocêntrica, assistimos, durante a pandemia, a gestos emocionantes de bravura e de altruísmo dos profissionais de saúde do mundo inteiro. Muitos colocaram em risco – e alguns até perderam – a própria vida para cuidar dos infectados pela Covid-19. Foram verdadeiros heróis anônimos que nos deram riquíssimas lições de altruísmo, de cuidado com o outro, de compaixão, de solidariedade e de partilha da própria vida. Naquela ocasião, a população assistia, estarrecida e admirada, a dedicação cotidiana e sofrida de tantos homens e mulheres que agiram motivados mais pelo amor do que por qualquer interesse pessoal ou econômico. Em vários lugares do mundo, essas pessoas receberam justas homenagens através de longos aplausos e de manifestações emocionantes de gratidão.

Passados aqueles dias mais difíceis, penso que a atitude de admiração da população diante da dedicação dos profissionais da saúde e de outras áreas essenciais para a sociedade deve ser acompanhada de uma constante interpelação pessoal, no sentido de nos desinstalar e nos convidar a fazer o mesmo ainda hoje. Independentemente da época e dos desafios vividos, é importante que o amor seja sempre viralizado e que o cuidado, a preocupação com o outro, a solidariedade, a gentileza, a doação de si e a partilha se tornem uma verdadeira pandemia, ou seja, se espalhem pelo mundo inteiro, transgredindo fronteiras geográficas, sociais, culturais, religiosas, raciais e morais. Tal como sugere o nome de um filme, "o amor é contagioso", e tomara que realmente o seja.

A lição maior que ficou desse período difícil é esta: ainda que não sejamos profissionais da saúde nem atuemos em áreas essenciais para a sociedade, ainda que a pandemia da Covid-19 tenha passado, podemos sempre amenizar o sofrimento dos outros com pequenos gestos de amor. Devemos aprender a remar juntos e a nos encorajar mutuamente quando as tempestades da vida nos tornam mais frágeis e desorientados. Que possamos infectar e contagiar o mundo inteiro com os valores humanos e que a pandemia do amor seja uma constante na nossa vida!

Reconciliando-se com o passado

"Memória *amoris*"

Falar do passado é tocar numa questão filosófica muito abrangente e de grande relevância, que é o tempo. Santo Agostinho (filósofo e teólogo dos séculos IV-V), no livro XI das *Confissões*, reconhece a dificuldade para se definir o tempo, mas o compreende como a maneira humana de se relacionar com as realidades que passaram, com as que estão em curso e com as que ainda não se concretizaram. Segundo ele, as realidades criadas estão sujeitas e submetidas à relação de sucessão temporal, e a percepção humana dessas realidades passa, necessariamente, por essa experiência temporal. O passado, apesar de não existir mais (objetivamente falando), existe no tempo presente por força da memória; o futuro, apesar de não existir ainda (objetivamente falando), existe no tempo presente por força da expectativa, e o presente torna-se pretérito a cada instante, é uma percepção imediata do que ocorre. Assim afirma Santo Agostinho: "Mas talvez pudéssemos dizer apropriadamente que 'existem três tempos: o presente das coisas passadas, o presente das coisas presentes e o presente das coisas futuras'. Pois os três estão de alguma maneira na alma e eu não os vejo em outro lugar: o presente das coisas passadas é a memória, o presente das coisas presentes é o olhar, o presente das coisas futuras é a expectativa" (*Confissões*, livro XI, cap. 20, parágrafo 26). Neste capítulo, interessa-me tratar o passado como memória.

Entendendo o passado como algo que não existe mais objetivamente, mas que está na alma humana como memória, Agostinho considera essa faculdade como um modo importante de o ser humano relacionar-se consigo mesmo e com a realidade que o cerca. Segundo Amedeo Cencini, renomado psicólogo italiano, há vários tipos de memórias (modos como a pessoa compreende e sente o passado) que interferem positiva ou negativamente na forma como cada pessoa humana lida com o presente e mira o futuro. Quero chamar a atenção para três tipos de memórias e suas consequências: a *memória lamentosa*, a *memória ressentida* e a *memória reconciliada*.

A memória lamentosa é própria do estilo de quem olha o passado garimpando e pincelando somente, ou sobretudo, as experiências negativas, os acontecimentos ruins e as realidades traumáticas da vida. A pessoa de memória lamentosa se sente vítima de um processo triste e penoso da vida e, geralmente, passa a existência remoendo internamente fatos pesados do passado que a impedem de caminhar com mais leveza e serenidade no presente e de sonhar com um futuro mais promissor. É uma memória doentia e dolorosa que, em casos mais radicais, é acompanhada de profundos sofrimentos psíquicos e dores de origem psicossomáticas. É também uma memória paralisante, que rouba da pessoa a consciência do seu valor, da sua dignidade e da sua responsabilidade pessoal sobre a história construída. Nesses casos, o passado é visto (e sentido) como desastroso e injusto, tornando-se álibi para justificar o presente e pretexto para se desresponsabilizar quanto ao futuro.

Outro tipo de memória doente é a memória ressentida. Ela é própria da pessoa que se recorda obstinadamente das ofensas recebidas ao longo da existência. É uma memória dura, conflituosa, dolorosa, que a impede de experimentar a força libertadora do perdão. Não vivemos numa sociedade ideal ou em contextos experienciais totalmente positivos, com ausência completa de incidentes e traumas. Por isso, cada pessoa deve entender e aceitar que não há história perfeita, pais perfeitos, amigos perfeitos e vida perfeita e que terá sempre algo a perdoar em relação aos outros, exatamente porque as relações humanas são marcadas por inúmeras imperfeições. O problema é que quem possui memória ressentida não consegue assimilar e aceitar essas inevitáveis realidades humanas.

O que cura uma memória ressentida é o perdão. A pessoa de memória ressentida deve aprender a perdoar e a aceitar como algo natural o negativo e o imperfeito na sua história. Aquele que, de fato, se reconcilia com seu passado e com as pessoas – inevitavelmente limitadas e imperfeitas – que fizeram parte da sua vida, consegue colher também os aspectos positivos do que foi vivido e descobre que a experiência geral da sua história supera os aspectos negativos. Ao contrário, quem não se reconcilia com seu passado e com as figuras significativas deste, leva dentro de si rancores e ressentimentos que o impedem de gozar o bem recebido e que terminam por alimentar uma perigosa raiva, às vezes, até vingativa. Essa memória geralmente está bloqueada por ressentimentos, e isso o impede de viver bem o presente e abrir-se para as experiências futuras. A pessoa que tem memória lamentosa e/ou ressentida deve buscar a cura, o que, na verdade, acontece quando ela revisita os sentimentos negativos do passado, de modo pacífico e equilibrado.

O último tipo de memória é a memória reconciliada, também chamada de memória *amoris*. É o tipo de memória curada de seus muitos males: pessimismos, rancores, ressentimentos, lamentos, traumas, dores etc. Ter memória reconciliada é olhar de forma benevolente para o passado, reconhecendo os seus aspectos negativos, mas também acolhendo o amor recebido como dom. É uma memória sadia, que deixa no coração a consolante certeza de ter sido amado por Deus e por tantas mediações humanas do seu amor. É um amor que reconstrói o passado, toma as suas inevitáveis feridas e reconcilia-se com elas. Reconciliar-se com a própria história ou curar a memória é um processo lento, progressivo, penoso e sofrido, mas muito necessário para a saúde integral do ser humano. Dependendo da situação, para se conseguir essa cura, é preciso recorrer a auxílios de especialistas da área da psicologia. Quem consegue reconciliar-se com o seu passado desfruta melhor o presente e cria condições favoráveis para redesenhar o futuro.

E você? Que tipo de memória cultiva da sua história? Lamentosa? Ressentida? Tomara que seja reconciliada! Como se pode perceber, o primeiro inimigo que a pessoa humana enfrenta não está fora, mas dentro dela mesma: é a sua história, o seu passado sofrido que, muitas vezes, tende a ignorar, a hostilizar ou a lutar contra. O primeiro perdão que deve oferecer diz respeito à sua própria história, que supõe, inclusive, perdoar os erros outrora cometidos.

Enfrentando os inimigos internos

O tema da alteridade e da intersubjetividade, ou seja, da relação de um ser humano com o outro, ganhou espaço privilegiado no pensamento filosófico a partir da Segunda Guerra Mundial, especialmente com os filósofos de ascendência judaica como Franz Rosenzweig, Martin Buber, Emmanuel Lévinas, dentre outros. E isso não aconteceu por acaso! Para esses filósofos, o tratamento violento e terrível destinado ao outro considerado "não ariano" ou de "raça inferior", como judeus, ciganos, homossexuais e alguns grupos religiosos específicos, nos campos de concentração durante a guerra, tinha como princípio a eliminação do outro, do diferente, do inimigo, daquele que é visto como ameaça e que gera insegurança.

Mas será que o único outro que podemos encontrar está somente fora de nós? O filósofo francês contemporâneo Joseph de Finance (1904-2000) nos ajuda a entender que existem também "outros" dentro de nós e que estes são os inimigos internos que devemos enfrentar cotidianamente. E mais ainda! Ele acredita que a percepção e a qualidade das relações com outros humanos (fora de nós) dependerão do modo como afrontamos e lidamos com o outro interior que existe dentro de nós. De Finance chama os outros internos que devemos afrontar de "alteridade interior". Para ele, existem duas alteridades internas que devemos reconhecer e afrontar: *a alteridade diacrônica* e *a alteridade sincrônica.*

A alteridade sincrônica é aquela em que a pessoa humana percebe dentro de si a existência de dois princípios que, apesar de substancialmente unidos, são completamente diferentes: a matéria (corpo) e a forma (alma intelectiva). O corpo é outro com relação à alma presente dentro de cada um de nós! Experimentamos essa alteridade sincrônica no cotidiano de nossa vida em certas situações muito concretas em que o corpo parece nos levar para uma determinada direção, mas a alma parece nos conduzir em direção contrária. Para ilustrar a luta entre essas duas realidades dentro de nós, cito uma entrevista concedida pelo jogador Ronaldo Nazário, o Fenômeno, por ocasião do encerramento das suas atividades esportivas como jogador. Ele disse: "Quando entro no campo, minha mente sabe perfeitamente o que deve fazer, mas o corpo já não responde mais aos comandos da mente, por causa das limitações físicas impostas pela idade". Nesse caso, corpo e mente são como que dois inimigos internos que não se entendem e não conseguem trabalhar em sintonia. Outro modo de experiência da alteridade interna sincrônica acontece quando a razão humana sabe que determinada realidade não é para ser desejada, mas a vontade, insubordinadamente, a quer e a busca. A razão diz "não pode", mas a vontade diz "me sinto atraída por essa realidade". A razão quer evitar a situação, enquanto a vontade tende a buscá-la. Nesse sentido, a vontade se torna inimiga da razão, porque aponta para a direção contrária ao que ela entende como razoável. São lutas internas, como se existisse um outro dentro de nós que estivesse sempre em guerra com nós mesmos. Para o filósofo francês, o ser humano é cidadão de dois mundos: o mundo da matéria e o mundo do espírito. Se, em algumas circunstâncias específicas, isso é louvável, em outras cria dificuldade nas ações do seu dia a dia.

A alteridade diacrônica é a alteridade interna da pessoa que, em determinado período da vida, olhando os acontecimentos sucedidos no passado, não se identifica plenamente com eles. Não existe total identificação entre o seu "eu atual" e o seu passado, sua história construída. Nesse sentido, parece haver uma constante luta interna entre o que a pessoa é na atualidade e o que ela foi no passado. Alguns aspectos do passado se apresentam a ela como inimigos que precisam ser eliminados ou cancelados, como se nunca tivessem existido, mas isso não é possível. Pelo que podemos perceber, o passado se torna um inimigo de quem deseja ficar livre dele. Essa é uma tarefa impossível, portanto, o melhor a fazer é integrar no "eu atual" também os aspectos mais sofridos e sombrios do passado. Caso contrário, esse outro interno nos fará sempre infelizes e nos deixará descontentes, o que afetará, consequentemente, a visão a respeito de nós mesmos e dos outros.

O que podemos concluir dessa reflexão é que todos os dias travamos uma luta constante com os outros que existem dentro de nós. São outros que não podemos eliminar, esquecer ou dos quais não nos podemos afastar geograficamente. São outros ontológicos e existenciais, que nos acompanharão sempre. Por isso, o melhor que temos a fazer é aceitá-los como companheiros de vida e de peregrinação terrena.

Existe um princípio antropológico muito interessante e que mostra a relação de consequência entre a alteridade interna e o modo como nos relacionamos com os outros externos. Ele diz o seguinte: "quanto mais unidade interna, mais capacidade de comunhão externa", ou seja, quanto mais formos capazes de manter a unidade do nosso "eu", quanto mais nos reconciliarmos com os nossos outros internos, mais capacidade teremos de manter relações sadias com as pessoas. A aceitação de nossos outros internos, com seus paradoxos, ambiguidades e dificuldades impostas, é condição essencial para o acolhimento sadio e potencializador do outro externo.

A necessária experiência do perdão

Está comprovado cientificamente que o rancor, o ódio, o ressentimento e o desejo de vingança não fazem bem para a saúde integral do ser humano. O perdão, ao contrário, devolve a paz de espírito, garante uma vida sadia e é fonte de libertação e de restauração da harmonia interior e exterior. O problema é que perdoar não parece ser algo tão natural e espontâneo. A psicologia explica que, diante de um objeto proporcionador de prazer, a pessoa sente atração e empatia, enquanto, diante de um objeto proporcionador de desprazer, sente repulsa e desejo de afastamento. É por isso que perdoar exige um esforço interno muito grande, um caminho perseverante de conversão, uma luta contra as tendências humanas naturais. Perdoar exige também, e acima de tudo, uma compreensão adequada do ser humano.

Baseado nessas considerações iniciais, quero oferecer quatro razões para a prática do perdão. O meu desejo é ajudar aqueles que sentem mais dificuldades para tal.

Não limitar a pessoa aos seus erros: um dos aspectos que dificulta a prática do perdão é a redução da pessoa ao erro cometido por ela. A pessoa magoada, ressentida e ofendida, tende a concentrar a atenção no erro que o outro cometeu, na sua falha, no seu limite, e se esquece ou ignora facilmente suas qualidades e virtudes. Por isso, para conseguirmos perdoar, devemos ampliar o horizonte de compreensão da vida do outro para enxergá-lo na sua totalidade existencial e não apenas a partir do seu erro. Diz a Sagrada Escritura que: "Deus é compassivo e clemente, lento na cólera e repleto de amor. Ele não nos trata segundo nossas faltas e nem nos retribui segundo nossos erros" (Sl 103,8.10). Assim, também não devemos julgar uma pessoa somente a partir das suas faltas, e sim aprender a valorizar a vida dela na sua totalidade e, a partir daí, saberemos tratá-la com mais misericórdia, porque a reconheceremos como um ser de valor e de qualidades, apesar dos limites.

Tomar consciência de que toda pessoa humana é imperfeita e limitada: faz parte da condição humana os limites e as imperfeições, por isso, toda pessoa está sujeita a erros, a ofender alguém, a cometer deslizes no relacionamento interpessoal, consequentemente, ela necessita do perdão e da compreensão dos que foram vítimas dos seus limites e imperfeições. Tomar consciência de que essa é uma condição da humanidade e não apenas de alguns indivíduos da espécie humana torna-nos mais humildes para perdoar e compreender o outro. O raciocínio é muito simples: "assim como o outro me ofende por causa das suas limitações e imperfeições humanas, eu também, como ser limitado e imperfeito que sou, ofendo e magoo as pessoas". Por isso, toda pessoa está no mesmo barco existencial. Nesse sentido, a humildade é condição extremamente necessária para a prática do perdão. Tomar consciência das próprias limitações ajuda o indivíduo a ser mais tolerante e compreensivo com as limitações alheias. Ao contrário, a pessoa orgulhosa, arrogante e que não tem uma real consciência de si mesma, dificilmente saberá e conseguirá perdoar.

Entender que a pessoa que ofende e maltrata necessita de ajuda: uma pessoa ofensiva, geralmente, não está bem consigo mesma. Muitas vezes está quebrada por dentro, está marcada por situações mal resolvidas, mal administradas, por sofrimentos mal geridos, por feridas mal cicatrizadas. E, se ela está alquebrada por dentro, a tendência natural é "vomitar" essas realidades nos outros, e, infelizmente, os mais próximos física e afetivamente são os que mais sofrem as consequências da desarmonia e do seu desajuste interno. Há um princípio que diz: "quanto mais harmonia interna, mais capacidade de unidade externa". O contrário também é verdadeiro: "quanto mais desarmonia interna, mais capacidade de divisão e dissensão externa". Nesse sentido, as pessoas que mais nos maltratam – mais amargas e desajustadas – são as que mais precisam ser amadas por nós. O amor reconstrói, ajuda a pessoa a se recompor interiormente, a recuperar a harmonia interna perdida. Alcançadas essas realidades, ela estará mais apta para estabelecer relacionamentos mais serenos e menos agressivos.

Buscar inspiração e força na misericórdia de Deus: Deus não se cansa de nos perdoar, e uma das facetas mais bonitas do seu amor se manifesta no perdão e na misericórdia. Diz o Papa Francisco: "Misericórdia é atitude divina que abraça, é o doar-se de Deus que acolhe, que se dedica a perdoar. Não veio para os justos, mas para os pecadores. Não veio para os sadios, mas para os doentes. Por isso, pode-se dizer que a misericórdia é a carteira de identidade do nosso Deus. Para mim, esta é de fato a carteira de identidade do nosso Deus" (extraído do livro: *O nome de Deus é misericórdia*, São Paulo, Planeta, 2016). Para quem professa a fé cristã, o perdão deve ser uma realidade muito próxima, uma prática cotidiana. Jesus perdoou até a morte e nos convidou a perdoar setenta vezes sete, ou seja, sempre. Ele sabia que perdoar é uma realidade exigente, mas extremamente necessária para a nossa realização.

Nos dias atuais fala-se muito de paz, mas se esquece de que ela somente será possível se, antes, houver o perdão. O Santo João Paulo II afirmava que "não há paz sem justiça e não há paz sem perdão". O perdão que Deus nos oferece e o perdão que oferecemos e recebemos dos demais é uma experiência profunda de restauração e de libertação que nos devolve a paz perdida. Perdoar não é esquecer – conforme alguns afirmam –, mas sim se lembrar do fato acontecido de modo apaziguado e sereno. Perdoar é um processo lento e progressivo que desata nós internos e externos, descortina horizontes novos, cria leveza existencial, devolve a serenidade, afasta a angústia e nos faz ver o mundo com um olhar mais brilhante e vibrante. Vale a pena tentar!

O delírio humano de onipotência

Este título parece estranho, mas diz muito sobre nós, seres humanos, sobre as nossas vaidades, os nossos orgulhos e a nossa arrogância. Esta expressão "delírios de onipotência" foi cunhada por um místico italiano, Frei Raniero Cantalamessa, em pregação feita na Sexta-feira da Paixão de 2020, na Basílica São Pedro (Vaticano), em plena efervescência da pandemia do coronavírus. Dizia ele: "A pandemia de coronavírus nos despertou bruscamente do perigo maior que sempre correram os indivíduos e a humanidade, o do delírio da onipotência".

Sem dúvida alguma, o ser humano é um ser muito especial. Do ponto de vista físico, é um dos seres mais frágeis da natureza, mas, pelo fato de ser dotado de razão, é o ser mais nobre do universo. Diz o filósofo francês Blaise Pascal que: "O ser humano não passa de um caniço, o mais fraco da natureza, mas um caniço pensante". Isso significa que a grandeza humana reside exatamente na sua capacidade racional, que faz o ser humano ter consciência da sua própria existência e criar realidades que suprem as suas diversas carências. O ser humano cria pão, casa, amizade, religião, ciência, técnica, tecnologia etc. O problema teve início quando ele começou a endeusar a razão e, consequentemente, a endeusar-se a si mesmo. Aí teve início o delírio de onipotência humana.

Na modernidade, com o advento do Iluminismo, o ser humano depositou uma enorme confiança e um otimismo exagerado na razão, instaurando um verdadeiro culto a essa faculdade humana. Acreditava-se que, por ela, seria possível adquirir conhecimentos ilimitados, resolver todos os problemas da humanidade, trazer um progresso vertiginoso nunca visto e elevar o ser humano a uma nova etapa de humanização. Além disso, a razão moderna, baseada na técnica e na ciência, com seu ideal de autonomia e emancipação, desprezou, em grande parte, as realidades metafísicas e transcendentais, muitas vezes ridicularizando a fé e as expressões religiosas. Esse hiper-racionalismo moderno fez com que a razão adquirisse feições narcisistas e tivesse a pretensão de ser soberana, ilimitada e onipotente. Creio que está aí o fundamento do delírio da onipotência do ser humano.

Chamamos de delírio porque há claramente uma visão deturpada do ser humano a respeito de si mesmo. A razão tem sua importância, e são inegáveis os benefícios da técnica e da ciência, mas ela não é ilimitada e não responde pela totalidade da existência humana. Ao lado dos benefícios, acentuou o desrespeito à natureza, promoveu guerras cada vez mais violentas (bomba atômica), intensificou a reificação das relações e acentuou a miséria, a discriminação e a exclusão.

Ela não pode tudo! E isso ficou visível com o aparecimento do novo coronavírus, na China, no final de 2019. Como afirmou Raniero Cantalamessa: "Bastou o menor e mais uniforme elemento da natureza, um vírus, para nos recordar que somos mortais, que o poderio militar e a tecnologia não bastam para nos salvar...". Nem o mais avançado conhecimento científico, nem a alta tecnologia, nem o poderio militar ostensivo, nem a mais forte e ambiciosa economia mundial foram capazes de frear o avanço do pequeno vírus, e o mundo inteiro foi obrigado a estagnar ou rever seus projetos por causa da pandemia. Parece que o vírus tirou a consciência humana do exílio, devolvendo-lhe a visão real de ser humano. Com a pandemia, a humanidade teve que se deparar com suas fragilidades, seus medos, suas inseguranças, suas fraquezas, suas angústias e, acima de tudo, com a sua impotência para controlar o avanço de uma doença desconhecida e letal.

Diz o ditado popular que "há males que vêm para o bem". Tomara que nós, seres humanos, aprendamos a ser mais humildes, menos arrogantes e também menos vaidosos, mais conscientes das nossas limitações e fraquezas. Sendo assim, teremos uma visão mais realista e equilibrada de nós mesmos, o que é essencial para a nossa prática cotidiana.

Homenagem ao silêncio

Neste capítulo, com licença poética, gostaria de dedicar estas palavras ao silêncio. Até parece contraditório! Mas, sem o recurso da palavra, não poderei homenagear e mostrar o valor do silêncio.

Estamos vivendo na sociedade do barulho, do ruído. A lógica tola e incômoda que vigora atualmente e tira a paz de muita gente é esta: "quanto mais alto, melhor!". Esta história é antiga: já em 1660, o filósofo francês Blaise Pascal afirmou: "a única causa da infelicidade do homem é ele não saber ficar quieto em seu quarto". Pascal certamente sabia que isso é mais difícil do que parece. Muitas vezes, as pessoas usam do artifício do barulho e do ruído porque têm medo de si mesmas, não querem deparar-se com sua própria realidade, evitam defrontar-se com suas mazelas, angústias e com os problemas da vida, refugiando-se naquilo que dispersa e aliena. O silêncio e a quietude, nesse contexto existencial, tornam-se insuportáveis e extremamente dolorosos.

Existem diversos tipos de silêncio: o silêncio tímido de quem não fala por vergonha; o silêncio omisso de quem não levanta a voz por covardia; o silêncio medroso de quem não quer denunciar porque teme represália; o silêncio depressivo de quem se sente vazio por dentro; o silêncio vingativo daquele que recusa a palavra para revidar uma ofensa recebida; o silêncio insensível da indiferença; o silêncio forçado pela disciplina imposta por alguma instituição; o silêncio enraivecido de quem "engole sapo" para não piorar a situação; o silêncio espantado de quem não encontra palavras para expressar o que vê e sente; o silêncio fúnebre de quem amarga a perda de um ente querido; o silêncio respeitoso do ambiente hospitalar etc. Todos esses silêncios são muito eloquentes, dizem muito sobre a personalidade, as opções e o modo como cada ser humano lida com a vida e com os problemas existenciais.

Mas a qual silêncio me refiro neste artigo? Refiro-me ao silêncio interior, àquele silêncio que possibilita à pessoa exercitar um encontro e um diálogo fecundo e profundo consigo mesma. É o silêncio para escutar, a princípio não o outro, mas a si mesma. É aquele saudável silêncio que pode ser motivado por um bom retiro espiritual, por um momento de meditação pessoal, por uma música clássica instrumental, pelo afastamento temporário da vida ordinária. É aquele silêncio que ajuda a pessoa a "escutar" a própria vida e a tomar posse da própria existência. É o silêncio que unifica o ser humano por dentro e, por isso, cria maior capacidade de comunhão externa. É o silêncio contemplativo e meditativo de quem busca a essência de si, do outro e da realidade que o cerca. Todo ser humano precisa de pausas restauradoras para cultivar esse silêncio que possibilita recuperar o fôlego existencial e tomar consciência do "lugar" vivencial em que se encontra. Sem esse silêncio, a pessoa humana corre o risco de tornar-se dispersa, descentrada, desagregada e desorientada. E a vida torna-se insuportável!

Esse silêncio tem tudo a ver com as relações humanas. A qualidade das palavras do ser humano e a sua capacidade de ouvir verdadeiramente o outro vão depender da sua disposição de silenciar-se para ouvir a si mesmo. O silêncio enriquece a relação e a comunicação com os outros. Só consegue estabelecer relações verdadeiramente humanas e edificantes quem aprendeu a arte de silenciar para ouvir a si mesmo e, consequentemente, ouvir o outro. Silenciar é tão difícil quanto aprender a ouvir a si mesmo e o outro. O Cardeal Guineense Robert Sarah, autor do livro *A força do silêncio: contra a ditadura do ruído* e grande apologeta do silêncio fecundo, diz que "o silêncio exerce uma função ascética, na medida em que purifica a palavra, e tem também uma função mística, na medida em que que cria comunhão". Somente aquele que escuta no silêncio é capaz de comunicar-se verdadeiramente com os demais. Para Emanuel Mournier (1905-1990), famoso filósofo francês personalista, a pessoa humana é um ser de relação e de comunicação. Porém, sem a experiência do "recolhimento em si", "da intimidade", "da interioridade" ou da "conversão íntima", ela nunca viverá uma existência autêntica, porque a vida humana é marcada por tensões e questões que só podem ser problematizadas na solidão pessoal e no recolhimento. A pessoa humana é uma dialética sadia entre a interioridade fecunda do silêncio e a exterioridade abundante da comunhão e do afrontamento.

Meu saudoso amigo, professor Pedro Paulo Christovam dos Santos, inspirado no filósofo Louis Lavelle (1883-1951), afirmava em sala de aula que "o silêncio é a homenagem que a palavra presta ao espírito humano". A maior e melhor homenagem que o espírito humano pode receber da palavra é o silêncio. É no silêncio que o ser humano se recompõe, se refaz, se reconstrói, se autocompreende e se autopossui. E a autopossessão é extremamente necessária para a autodoação. Quem não se possui, não se doa verdadeiramente ao outro. Nesse sentido, doação de si tem a ver também com silêncio. Serve mais e melhor quem silencia mais.

Fazer silêncio é uma arte, cada vez mais rara, mas é condição para o ser humano conservar a sua saúde psíquica e espiritual. O silêncio cura; o barulho adoece. O Cardeal Sarah constatou que a geração atual é órfã da escuta porque há um déficit de silêncio. O barulho tem crescido nos últimos anos, gerando grande incômodo para quem precisa pensar e se concentrar para fazer algo, escrever ou simplesmente ouvir o que precisa ser ouvido. Diante da cultura do ruído e do muito falar, temos que aprender com os monges a venerar o silêncio como caminho de crescimento pessoal, relacional, psíquico e espiritual. Adélia Prado, renomada poetisa mineira, nos ensina o valor do silêncio: "esconder-se no porão, de vez em quando, é necessidade vital. Precisamos de silêncio e solidão, e, não, apenas os poetas. Senão, corremos o perigo de nos esvairmos em som, fúria e esterilidade. O campo para que a palavra se instale para o autor e para o leitor é o campo do silêncio e da audição" (jornal *O Tempo*, de 16 de outubro de 2010).

Posto tudo isso, solicito à minha própria palavra e à sociedade do barulho um respeitoso *minuto de silêncio* em homenagem ao silêncio!

O que podemos aprender com a morte?

Tenho refletido muito sobre um assunto que, geralmente, as pessoas evitam, maquiam ou camuflam: a morte. Talvez seja pelo fato de essa realidade existencial estar todos os dias estampada nos jornais e noticiários do nosso país e as redes sociais potencializarem a difusão dessas notícias que, muitas vezes, nos chocam. A morte parece ser uma realidade próxima, uma ameaça constante. Não há como não pensar nela!

A morte pode ser refletida e analisada sob vários ângulos ou perspectivas: biológica, metafísica, religiosa ou existencial. Alguns a consideram como um fenômeno biológico que pode ser atestado através dos procedimentos científicos; outros, como aniquilamento ou fim permanente da vida; outros, ainda, a compreendem como início de uma vida mais plena e feliz. Alguns poucos a veem como uma possibilidade existencial. Quero, neste artigo, explicitar exatamente esse último aspecto da morte, visto que é sob esse viés que tenho refletido sobre essa realidade.

Segundo o filósofo alemão Martin Heidegger (1989-1976), a morte não é algo que nos aguarda ou nos espera no final da vida, mas é uma realidade que nos acompanha cotidianamente e faz parte da nossa estrutura constitutiva. Somos seres para a morte e o que podemos fazer é aceitar essa realidade, percorrê-la previamente e tirar dela lições importantes para qualificar a nossa breve existência neste mundo. Somos seres mortais, e tomar consciência disso é de fundamental importância para programarmos a nossa vida e o nosso modo de viver.

A sociedade atual, mergulhada no "presentismo", sem memória e sem projetos, sufocada pelo mito da eterna juventude, focada na busca do prazer momentâneo e na valorização da capacidade produtiva, não reserva espaço para a morte e, quando esta acontece, tenta mascará-la ou maquiá-la com artifícios autoenganadores. Vive-se como se não se fosse morrer e, infelizmente, essa postura rouba toda a beleza e as possibilidades humanas que a vida pode oferecer. Encarar a morte pode nos trazer lições importantes.

A primeira lição é: precisamos ser mais humildes. Diante do fenômeno da morte, deveríamos vencer certas tendências e sentimentos que existem dentro de nós e que não nos fazem mais felizes nem qualificam a nossa relação interpessoal: vaidade exagerada, arrogância, prepotência, orgulho, sentimento de superioridade e onipotência. Às vezes, esquecemo-nos de que somos "pó e ao pó voltaremos" e que nem tudo está sob o nosso controle. Não podemos controlar a morte. No dia em que ela bater à nossa porta, ainda que possamos retardá-la (dependendo dos recursos financeiros de que dispusermos), não podemos anulá-la. Mais cedo ou mais tarde, iremos morrer. Por isso, precisamos procurar viver com mais humildade, tomando consciência de que somos mais iguais do que podemos imaginar. Os fatores que nos distinguem, como raça, gênero, cor, religião, posição social, comportamento moral, são muito pequenos diante daquilo que nos iguala e que é constitutivo da nossa existência: a morte. Na minha terra natal, Alto Rio Doce, Minas Gerais, no pórtico do cemitério municipal está escrita a frase: "Aqui somos todos iguais!". Ali, antes de entregar à terra o corpo dos nossos entes queridos, somos interpelados sobre o sentido que estamos dando à vida e ao nosso viver.

A segunda lição é: devemos simplificar a vida. Tenho percebido que nós, seres humanos, complicamos demais a vida. Ela é mais simples do que imaginamos. Se tivéssemos consciência da nossa finitude, de que cada minuto é um minuto a menos e que cada instante é uma oportunidade nova e única, viveríamos a vida de modo diferente. Conscientes da nossa mortalidade, talvez não brigaríamos por qualquer coisa, não nos apegaríamos a coisas pequenas e passageiras; destinaríamos mais tempo para estar com quem amamos, dedicaríamos mais energia para atividades lúdicas e recreativas e nos preocuparíamos menos com as tarefas e mais com as pessoas. Talvez reservássemos mais tempo para nós mesmos, seríamos menos robotizados e faríamos mais o que nos agrada e nos realiza humanamente.

A terceira lição é: precisamos dar prioridade ao essencial. É interessante como passamos boa parte da nossa vida priorizando realidades que não são fonte de verdadeira humanização nem trazem sentido para a vida. A propósito disso: uma enfermeira australiana chamada Bronnie Ware, que cuidava de doentes em fase terminal, na sua obra *Antes de partir*, descreve os cinco maiores arrependimentos dos seus pacientes em final de vida. Segundo ela, "as pessoas crescem muito quando são confrontadas com a sua própria mortalidade". Cito aqui as cinco frases que revelam os arrependimentos dos pacientes: 1) "Gostaria de ter aproveitado a vida do meu jeito, e não da forma que os outros queriam": o foco do arrependimento não é tanto pelo que fez, mas pelo que deixou de fazer porque priorizou agradar mais os outros do que a si mesmo; 2) "Queria não ter trabalhado tanto": foi o pesar mais comum entre os pacientes do sexo masculino. Ao final da vida, os homens sentiam que reservaram pouco tempo para as pessoas e se privaram de momentos importantes na vida por causa do trabalho. Priorizaram o labor ao amor; 3) "Queria ter falado mais sobre os meus sentimentos": havia arrependimento por não ter dito o quanto ama e gosta das pessoas, mas também por não ter dito a verdade na hora certa; 4) "Queria ter mantido mais contato com meus amigos": havia profundo arrependimento por amizades que foram perdendo-se ao longo da existência e que mereceriam mais tempo e esforço para serem cultivadas; 5) "Queria ter me permitido ser feliz": este é um pesar muito comum. As pessoas sentiam que não contribuíram para a busca e a conquista da própria felicidade.

Mesmo tendo fé na ressurreição e na vida eterna, confesso que termino este artigo com um sentimento de angústia. Ainda bem que a angústia, segundo o pensador Heidegger, é fundamental para que a morte se torne uma possibilidade existencial. Creio que me identifiquei com os doentes terminais acompanhados pela enfermeira. Tomara que dê tempo para eu dar um novo rumo para a minha existência a partir das lições causadas pela morte. E você? Em qual "lugar" existencial se encontra diante dessas reflexões?

O desafio do diálogo

A palavra "diálogo" vem da junção de dois vocábulos gregos: *diá*, que, dentre tantos sentidos, pode significar "por intermédio de", e *logos*, que, dentre tantos significados, pode ser traduzido por "palavra". Portanto, diálogo tem tudo a ver com relação humana, com o modo de o ser humano se colocar diante do outro, de forma a estabelecer conexão e promover o encontro por intermédio da palavra. Somente o ser humano é capaz de dialogar, porque somente ele tem a possibilidade de usar a palavra como expressão do seu pensamento e da sua capacidade de ver e julgar a realidade que o rodeia.

Dialogar não é fácil porque é mais do que conversar: "O diálogo se inicia, sem dúvida, pelo ato de conversar, pois, se nem ao menos nos dirigimos às outras pessoas, se não as escutamos nem compartilhamos com elas um pouco do que pensamos e sentimos, não daremos o passo para o verdadeiro diálogo" (revista *Vida pastoral*, n. 337, ano 62, p. 26). Dialogar é acolher, é escutar fraternalmente, é partilhar a vida, é abrir-se ao outro com o desejo de aprender com ele. Tudo isso pode começar com uma boa conversa, mas vai além: "Conversamos sobre coisas. Dialogamos sobre nós e sobre o sentido da vida. Conversamos, por exemplo, sobre as contas a pagar, rumos de uma série televisiva ou o sistema de transporte que não atende às necessidades. Dialogamos, porém, sobre sonhos, esperanças, compreensões, expectativas, frustrações, tristezas e alegrias. Conversa pode ser o instrumento. Diálogo, porém, é a finalidade" (revista *Vida pastoral*, n. 337, ano 62, p. 27).

No sentido aqui apresentado, diálogo tem tudo a ver com cuidado. O cuidado com o outro não passa apenas pela satisfação de suas necessidades físicas e materiais, mas também pela capacidade de encontrá-lo, escutá-lo respeitosamente, mergulhar no seu horizonte existencial e dispor-se a aprender com ele, com seu modo de ser e agir, ainda que não concordemos plenamente com suas ideias e sua visão de mundo. Diálogo não é retórica, não é arte de persuasão, não é discurso apologético, não é competição linguística ou doutrinação. Diálogo tem a ver com partilha respeitosa de vida, de crenças, de sentimentos e de sonhos.

Para haver diálogo, deve-se ter clareza da própria identidade. Diálogo não é busca de homogeneidade, mas é o encontro de identidades diversas com possibilidade de unidade naquilo que é comum, apesar da divergência respeitosa naquilo que é diferente. A riqueza está exatamente na diversidade de identidade e na possibilidade de enriquecimento mútuo na diferença. Diálogo entre iguais seria muito pouco frutuoso e nem sei se poderia ser considerado, na sua essência, verdadeiro diálogo.

Infelizmente, o que presenciamos no contexto atual é o crescimento exponencial da intolerância, o que revela a absoluta falta de diálogo e a recusa violenta ao diferente. A intolerância se alimenta do fanatismo, do fundamentalismo e do populismo diante de uma determinada convicção cega: "Pessoas e grupos se agarram às suas concepções de um modo reativo, até mesmo bélico e, consequentemente, não dialogal. O diferente, o outro e a outra, que, na verdade, são irmãos e irmãs, passam a ser vistos como inimigos a combater. Nesse sentido, a ausência de diálogo é uma ameaça à vida" (revista *Vida pastoral*, n. 337, ano 62, p. 28). As redes sociais, com todo o seu potencial, têm alimentado múltiplas posturas agressivas de intolerância, fomentado polarizações e se tornando meio de difusão de posturas agressivas e antidialogais.

A intolerância é a tragédia do não diálogo, é a rejeição ao não eu, é o desprezo e o desrespeito ao não igual. O intolerante é altamente narcisista e acha feio o que não reverbera as suas próprias convicções e a sua postura de vida. Isso nos faz recordar dos versos de uma canção de Caetano Veloso e Gilberto Gil: "quando te encarei frente a frente não vi o meu rosto/chamei de mau gosto o que vi, mau gosto, mau gosto/ é que narciso acha feio o que não é espelho". Além disso, o intolerante é prepotente, orgulhoso e dogmático, porque se sente dono da verdade e se considera defensor e promotor de valores e ideias que, a seu ver, são os melhores e únicos para a sociedade. Não dá espaço para o diferente e o contraditório. Quem pensa diferente ou age diversamente ao que ele pensa e vive é "encarado" como potencial inimigo, devendo ser fortemente combatido e, se possível, eliminado.

O Papa Francisco afirma que dialogar é derrubar muros e construir pontes e conexões entre perspectivas diferentes e até opostas. Diante desse contexto desafiador da intolerância, o diálogo adquire não somente um valor discursivo, mas uma forte tonalidade ética. Torna-se uma virtude pessoal e social extremamente necessária para a harmonia e a convivência entre os humanos. Diante disso, acreditamos que a postura dialogal deve ser vivida, defendida, propagada e incentivada por todos os que acreditam na diferença como caminho de crescimento.

A vida é uma grande mestra

Quando eu era criança e fazia alguma peraltice, o que era coisa rara porque fui sempre um menino relativamente comportado, minha mãe, ao aproximar-se para me corrigir, sempre dizia em tom solene e ameaçador: "Se você não ouvir seu pai e a mim, a vida é quem vai te educar!". Hoje, depois de algumas décadas passadas, ponho-me a refletir sobre o papel educativo da vida. Será que as experiências multifacetadas da existência realmente nos educam? Será que aprendemos com os tropeços, erros, insucessos e decepções que a vida nos impõe?

Depois de quatro décadas de existência, posso afirmar que minha mãe tinha razão. As diversas experiências que fazemos ao longo da vida exercem um papel pedagógico em nossa existência. Aprendemos muito com os acertos, mas principalmente com os erros da vida. Errar também educa; ninguém aprende sem errar. Os erros fazem parte da vida humana e exercem um papel importante no processo de aprendizado humano. Nesse sentido, ela – a vida – é uma mestra exigente: quando é preciso, corrige com rigidez; ela tende a nos ensinar através de situações inesperadas e doloridas; dá lições e cobra essas mesmas lições, tal como a professora da escola.

Quem se deixar corrigir por ela, torna-se melhor e mais preparado para enfrentá-la.

Mas atenção! Para que a vida exerça a sua função pedagógica, são necessários alguns requisitos:

1º) Capacidade para reler a própria história sob uma ótica nova e potencializadora de possibilidades: quem não tem o costume de rever a própria história com frequência, refletir sobre os acontecimentos existenciais e meditar sobre os rumos tomados, não consegue aprender com a vida. A vida educa à medida que a pessoa faz uma releitura das experiências vividas, especialmente as negativas, sob a ótica das possibilidades existenciais que elas descortinam; a vida educa à medida que os acontecimentos mais duros da existência são ressignificados com o objetivo de promover crescimento e amadurecimento.

2º) Humildade: é necessário termos humildade para olhar para nossa própria existência e reconhecer que fizemos escolhas erradas, tomamos caminhos incertos e tortuosos e, como consequência natural, não alcançamos a felicidade tão desejada. Somente a partir do reconhecimento humilde e sincero dos próprios erros e tropeços, torna-se possível crescer com eles e não os repetir. Diz o ditado popular que "errar é humano, mas permanecer no erro é burrice!". Portanto, os erros, quando são assimilados com humildade, podem ser uma inesgotável fonte de crescimento e de maturação da vida.

3º) Não ter medo de refazer o caminho da vida: o ser humano é a única criatura capaz de fazer, desfazer e refazer. Em se tratando da existência humana, é necessário refazer a vida a partir dos erros cometidos e dos sofrimentos enfrentados. As frustrações da vida podem ser um ótimo impulso para o ser humano crescer, melhorar e percorrer um caminho existencial mais frutuoso. É necessário estar disposto a crescer e a melhorar sempre, por mais doloroso que seja esse processo de ressignificação da própria vida.

Como é possível perceber, não se aprende a viver apenas lendo livros, frequentando grandes centros acadêmicos ou ouvindo bons conselhos. A vida é uma escola riquíssima, cheia de aprendizado a oferecer. A sábia poetisa Cora Coralina afirmava: "O saber a gente aprende com os livros e os mestres. A sabedoria se aprende é com a vida e os humildes". O ser humano alcança a maturidade psíquica e espiritual impulsionado também pelos grandes aprendizados coletados ao longo da existência, principalmente a partir dos duros golpes da vida. Mas atenção! As experiências boas e positivas da vida também educam e ensinam. "Se a gente cresce com os duros golpes da vida, também podemos crescer com os toques suaves na alma" (Cora Coralina). Conclusão: só se aprende a viver, vivendo! Erros e acertos fazem parte da condição humana e podem ser rica fonte de humanização e de crescimento.

Que na escola da vida, a grande mestra, sejamos bons discípulos: aplicados, dispostos a aprender e, também, a dar saltos qualitativos na nossa limitada e curta existência.

A arte do recomeçar

O poeta Carlos Roberto Pompeu de Toledo, no seu famoso poema "Fatiando o tempo", elogia o indivíduo que cortou o tempo em fatias e ofereceu aos seres humanos, ao final de cada ano, a oportunidade de rever a caminhada, renovar os projetos e restaurar a esperança. Assim se expressa o poeta: "Quem teve a ideia de cortar o tempo em fatias, a que se deu o nome de ano, foi um indivíduo genial. Industrializou a esperança fazendo-a funcionar no limite da exaustão. Doze meses dão para qualquer ser humano se cansar e entregar os pontos. Aí entra o milagre da renovação e tudo começa outra vez com outro número e outra vontade de acreditar que daqui pra adiante vai ser diferente".

O ser humano é *homo viator*, é um caminhante pelas estradas da vida. Na experiência do "caminho" e do caminhar, muitas vezes ele erra, desvia-se do itinerário correto, afasta-se da rota original, pega atalhos perigosos, colhendo como amargas consequências o desnorteamento, a desilusão, a tristeza e a angústia existencial. Porém, em se tratando da existência humana, nada é definitivo! Cada ser humano, cotidianamente, mas especialmente no início de um novo ano ou de uma nova etapa da vida, tem a oportunidade de rever rotas, refazer caminhos, renovar projetos e propósitos existenciais.

Recomeçar, rever, restaurar, refazer, reinventar e renovar são verbos que apontam para um horizonte existencial futuro marcado por mudanças profundas, transformações radicais, conversões existenciais e, como diz o poeta, pela "vontade de acreditar que daqui pra adiante vai ser diferente". É o milagre da renovação que está sempre ao alcance do ser humano! Opções que não deram certo devem ser revistas; atitudes que não agregaram valores e não renderam bons frutos devem ser rejeitadas; comportamentos violentos que feriram o coração das pessoas devem ser eliminados; enfim, no itinerário da vida, cada ser humano deve aproveitar o início de um novo ano ou de uma nova etapa da vida para rever a rota e refazer o caminho existencial.

É sempre importante e necessário que cada ser humano, no início de uma nova etapa da vida, aproveite para *fazer* o que deveria ter feito há muito tempo, para *desfazer-se* do que não lhe trouxe alegria e paz, e para *refazer* o que foi destruído ao longo do percurso anterior. Essa é a complexa dialética da vida humana marcada por contradições, paradoxos, recomeços e, acima de tudo, pelo desejo de ser feliz!

Termino citando o poeta mineiro Carlos Drummond de Andrade: "não importa onde você parou, em que momento da vida você cansou. O que importa é que sempre é possível recomeçar. Recomeçar é dar uma nova chance a si mesmo. É renovar as esperanças na vida e o mais importante, acreditar em você de novo".

A perversa lógica do descartável: quem vamos descartar?

De acordo com a enciclopédia *Wikipedia*, a origem dos objetos descartáveis remonta ao final do século XIX com a produção de pratos de papel como sugestão médica para embalar higienicamente os alimentos. O americano Samuel J. Crumbine, oficial de saúde do Kansas, em 1908, promoveu uma campanha para retirar de utilização pública os utensílios comuns de beber e comer, alegando serem potenciais meios de transmissão de doenças. Os americanos Lawrence Luellen e Hugh Moore enxergaram nisso uma oportunidade de inventarem o copo de papel com material simples e leve, em formato de cone, para ser utilizado somente uma vez e depois ser descartado. Como se percebe, a intenção era boa!

Mais de 200 anos se passaram. Os materiais descartáveis se multiplicaram, bem como as críticas ao seu uso indiscriminado, especialmente aos descartáveis feitos de plástico, que exigem um tempo longo para se decomporem e são altamente nocivos para o meio ambiente. Não obstante as críticas atuais, o uso do descartável vem crescendo cada vez mais e hoje se fala da "cultura do descartável". Hoje não se descartam somente coisas, objetos, utensílios, mas também se descartam pessoas com a mesma facilidade com que se rejeita um copo de plástico ou um canudinho, usado para tomar refrigerante. A cultura do descarte influencia também os relacionamentos intersubjetivos, as relações entre as pessoas.

A cultura do descarte está fundada basicamente em três características: a neofilia, a provisoriedade e a utilidade. Ela vive da neofilia, da busca da novidade, que leva ao consumismo enlouquecido e a um materialismo exagerado. Assim como se descarta uma TV analógica por uma digital, mais moderna e atraente, lançada recentemente no mercado, assim também acontece nas relações intersubjetivas: em busca de novidade, rejeita-se facilmente um ser humano quando surge um "outro" mais atraente e com aspectos de novidade a ser explorada. Nessa mentalidade de depreciação, tudo é provisório, não há mais espaço para o duradouro e o sólido: isso pode ser visto nas músicas, nos móveis, nos aparelhos eletrônicos e, também, nas relações humanas. Os relacionamentos acontecem com prazos de validade, com tempo de duração e, geralmente, não duram muito. As relações se tornam fluidas, vazias, líquidas (na linguagem do filósofo Zygmunt Bauman), porque tendem a não durar e não perdurar.

A lógica da utilidade, em que algo tem valor enquanto me é útil, também governa a cultura do descartável. Quanto ao material descartável, a lógica é essa: usa-se e depois se joga fora. Se aparece algo melhor e mais útil, desprezo o objeto anterior. Nos relacionamentos humanos acontece o mesmo: quando a pessoa não é mais útil no trabalho, nos negócios, para a sociedade, tende-se a tratá-la como um peso social que deve ser suportado ou descartado com urgência. Isso se verifica no modo como a sociedade lida com os idosos, os mendigos, os doentes, os mais vulneráveis da sociedade. Não raramente alguém propõe uma cultura eugenista marcada pelo desejo de limpar o mundo e a sociedade das pessoas que são consideradas pesos sociais.

O Papa Francisco tem apontado para o perigo da cultura do descarte. Ele afirma que é uma "cultura que nos ameaça continuamente. Viver descartando o que nos incomoda, o que nos sobra, o que nos impede de ter mais e mais. E, contra essa cultura do descarte, viver a cultura do receber, do acolher, da proximidade, da fraternidade. Hoje, mais do que nunca, somos solicitados a ser fraternos". Segundo o Papa, em um sistema econômico que tem a injustiça como seu fundamento, "nos acostumamos a esse clima do descarte: o descarte dos idosos, o descarte dos pobres, o descarte das crianças, dos bebês por nascer" e, em vista disso, ele nos convida a recordar que "toda vida vale e merece ser defendida e respeitada".

Como se percebe, o tema da cultura do descartável aplicado às relações humanas está intimamente ligado à compreensão que se tem do ser humano, bem como do seu valor e da sua dignidade. Quem é o ser humano para nós? Onde reside o seu valor e a sua dignidade? Dependendo das respostas que dermos a estas perguntas, consideraremos bastante normal e até aceitável a mentalidade do descarte. Portanto, torna-se urgente uma visão personalista do ser humano que coloque em evidência o valor e a dignidade de todo ser humano na sua estrutura constitutiva e na sua abertura para as relações de objetividade, intersubjetividade e transcendência. Ser humano não é coisa, portanto, não pode ser tratado a partir da lógica do descarte.

Acolhendo a própria precariedade humana

Em uma entrevista concedida em 2014, para o programa *Roda Vida*, da TV Cultura, a poetisa Adélia Prado, comentando sobre a relação do ser humano com Deus, afirmou a necessidade de o ser humano acolher aquilo que lhe é próprio, a precariedade. Assim se expressou: "sendo gente como nós somos, não tem como viver numa ascese perfeita ou achar que agora estou oferecendo um sacrifício perfeito e uma adoração pura. Tudo que fazemos tem um grau de sujeira. A sujeira é a nossa condição humana. É a precariedade, a mortalidade e a analidade que nos acompanha. E tudo tem a ver com isso (...). A única coisa perfeita em nós é a precariedade. Nós somos perfeitamente imperfeitos e precários". Como estudioso de antropologia filosófica, essa afirmação muito me impactou e me agradou, porque põe em evidência um aspecto da condição humana que a sociedade atual quer ignorar, porque mexe com o orgulho, a vaidade e o amor-próprio, tão em alta na sociedade narcisista atual.

No *Dicionário Michaelis*, o vocábulo "precário" é definido como "o que não é estável ou seguro, sujeito a eventualidades. O que é débil, fraco, deficiente, escasso, que pode ser facilmente afetado". Há múltiplas precariedades no mundo: material, moral, existencial, social, política, econômica etc. O nosso desejo é tratar de uma precariedade mais profunda, ontológica, inerente a todo ser humano: a precariedade da condição humana. O ser humano é, por natureza, débil, frágil, fraco, deficiente, escasso e pode ser afetado facilmente por algo. Reconhecer-se precário não é uma atitude pessimista ou autodepreciativa, mas é cultivar uma visão realista a respeito de si mesmo e da própria condição humana. Aceitar essa realidade é encarar com maturidade e naturalidade a inevitável finitude humana, que se revela de diversos modos: nas nossas misérias e fragilidades; nos desconfortos físicos, psíquicos, morais e filosóficos; no nosso ciclo natural de vida que tende à morte. A recusa em querer enxergar-se como um ser precário e a tentativa de evitar sentir a inconstância da condição humana só evidenciam, ainda mais, a nossa própria deficiência em não aceitarmos ser quem realmente somos. É uma fuga de si mesmo!

A percepção ou não da própria condição precária tende a regular a relação do ser humano consigo mesmo, com os outros e com a divindade. Quem se aceita como tal, reconhece também a sua própria condição de finitude e, consequentemente, não fará cobranças desmedidas a si mesmo, bem como saberá ser mais tolerante com os próprios limites e fragilidades. Saberá "rir" dos próprios defeitos e imperfeições e, não obstante, procurará superá-los ou aprenderá a lidar com eles. Quem se reconhece precário saberá empaticamente acolher o outro com sua grandeza e miséria, virtudes e defeitos, dons e limites. Quem se reconhece precário poderá vislumbrar e experimentar um amor gratuito, generoso e misericordioso de um Deus que é perfeito e que, por isso, ama e ampara todo ser humano e o ser humano todo. Não o ama por causa de seus méritos, mas porque ele é a fonte inesgotável de todo o bem e de toda a graça.

Por outro lado, não reconhecer a própria condição precária também traz resultados dolorosos e desastrosos para a existência humana. Do ponto de vista da relação consigo mesmo, isso torna a pessoa altamente exigente consigo mesma e desejosa de chegar a um estágio de perfeição no seu ser e agir que nunca será alcançado, trazendo como consequências a frustação, a desilusão e a tristeza. Do ponto de vista da relação intersubjetiva, essa não aceitação da condição de fragilidade faz com que a pessoa seja intransigente com os demais e que tenha resistências para lidar com os defeitos e limites alheios. Em se tratando da relação com Deus, na perspectiva da espiritualidade cristã, o não reconhecimento da própria precariedade humana é um perigo porque leva a pessoa a querer alcançar um horizonte de perfeição que é reservado somente a Deus. Além disso, tende-se a cair numa prática religiosa escrupulosa e legalista, desejando agradar a Deus para ser mais amada e mais querida por ele. Não há, portanto, o mínimo espaço para a experiência, espiritualmente tão rica e libertadora, do amor gratuito, generoso e misericordioso de Deus.

O fato de o ser humano ser precário o faz também um ser vulnerável. Também isso faz parte da rica e complexa condição humana. O professor e escritor René Dentz, no seu livro *Vulnerabilidade*, mostra que comumente a palavra vulnerabilidade está associada às ideias de insegurança, instabilidade, indefensabilidade, fragilidade etc. O autor mostra que a vulnerabilidade é constitutiva do ser humano e, portanto, o acompanhará do início ao fim da sua existência. Aceitar isso é condição para ser mais feliz e carregar menos sentimentos de culpa durante a sua rápida e fugaz passagem pela terra.

Como percebemos, há uma beleza por trás da compreensão e aceitação da própria precariedade e fragilidade humanas. É a beleza de se ter consciência adequada e sadia de quem realmente somos. Não somos super-heróis, apesar de sermos capazes de gestos heroicos em determinadas circunstâncias da vida. A consciência cada vez mais adequada da nossa condição frágil e precária é altamente libertadora: liberta-nos de sentimentos de arrogância gerados por uma visão inadequada de nós mesmos e de frustrações e desilusões ante expectativas exageradas com relação a nós mesmos e aos outros. Uma adequada percepção de nós mesmos nos devolve a saúde psíquica e espiritual. É uma riqueza existencial poder sentir-se precário.

Apesar de gerar um certo incômodo, isso torna a vida mais suave, mais leve e mais aberta às possibilidades propriamente humanas!

A arte de dizer a verdade

Para os gregos, o vocábulo *aletheia* (verdade) denota a ideia de desvelamento, des-ocultação, des-esquecimento, que dizer, trazer à luz o que está escondido ou esquecido. Nesse contexto linguístico, dizer a verdade seria desvelar (tirar o que está cobrindo) a realidade, desocultar o que está escondido, descobrir o que está encoberto. Creio que nenhuma pessoa, em sã consciência, vai negar que dizer a verdade é uma qualidade ou uma virtude humana de importância fundamental para a durabilidade e a segurança dos relacionamentos humanos. Essa não é uma questão que pretendo trabalhar agora, mas brota dela a pergunta: como dizer a verdade?

Padre Zezinho, um dos mais conhecidos cantores católicos do Brasil, tem uma canção que afirma: "Dá-me a palavra certa, na hora certa, do jeito certo e para a pessoa certa!". O contexto da canção é bíblico e se refere à Palavra divina. Porém, a afirmação pode ser aplicada também à palavra humana. A constatação que fazemos é que, às vezes, falamos a palavra errada, na hora errada, para a pessoa errada e do jeito errado. Por isso, alguns elementos são fundamentais para que a verdade seja comunicada e produza frutos saborosos. Cito três, a saber: o discernimento, a humildade e o amor expresso na correção fraterna.

Uma das primeiras exigências para se dizer a verdade a alguém é o discernimento. Discernir significa escolher o modo mais correto de abordar uma pessoa, o momento mais propício e a linguagem mais adequada para expressar a verdade que deve ser comunicada. Por isso, esse diálogo não deve acontecer de modo afoito, impulsivo, irrefletido ou em um contexto de brigas e discussões acirradas. Caso contrário, corre-se o risco de ocorrer mal-entendidos, bem como de se gerar dissabores, mágoas, conflitos e problemas diversos de convivência. Como diz o ditado popular: "a verdade dói", por isso, deve ser dita de um modo menos áspero e de forma a evitar a abertura de grandes feridas no coração do ouvinte. Dizer a verdade é uma virtude inquestionável, mas isso não pode ser feito de modo violento e sem os cuidados necessários.

Outra exigência fundamental para se dizer a verdade é a humildade. Verdade sem humildade pode soar como ofensa, agressão verbal, moralismo, intransigência ou vingança. Ao dizer a verdade para outra pessoa, ela deve perceber que há, da parte de quem diz, um profundo desejo de ajudá-la a se posicionar melhor diante da situação apresentada. A humildade é importante tanto para quem diz quanto para quem escuta a verdade: para a primeira, a importância está em que a pessoa também se reconheça limitada, falha, pecadora e que, por isso, não é melhor do que seu ouvinte. Sentindo-se assim, essa pessoa está preparada para dizer a verdade ao outro sem arrogância, sem prepotência e sem desejo de ferir. Para a segunda, a importância da humildade está em escutar com atenção para depois emitir a sua opinião ou juízo ou simplesmente para acolher o que foi dito como possibilidade de revisão e crescimento.

Outra exigência é o amor, que se traduz na correção fraterna. Corrigir fraternalmente exige dizer e mostrar a verdade para a outra pessoa seguindo alguns passos indicados pela Palavra de Deus. Verdade sem caridade não tem valor algum. Essa exigência é bíblica e nasce do ensinamento de Jesus. Correção fraterna não consiste em repreender ou apontar o erro alheio, mas sim em mostrar o caminho do amor. Corrigir o irmão é um dever, mas deve ter como pressuposto de base o amor. Trata-se da correção entre dois filhos de Deus que se querem bem e desejam alcançar a salvação. Existe, inclusive, um modo adequado para fazer isso: falando primeiro com a pessoa interessada, a sós. Depois, se não der certo, convidando mais um ou dois irmãos para entrarem na conversa e, por fim, chamando a comunidade.

Augusto Cury tem uma frase que nos ajuda a entender o valor de dizer a verdade: "Melhor a verdade que dói do que a mentira que produz falso alívio". Se, por um lado, a verdade dói, por outro, liberta. Ser verdadeiro é um modo de amar, porém requer discernimento, humildade, espírito de fraternidade, mas, acima de tudo, exige amor. Nunca nos devemos esquecer de que a verdade sem caridade não tem valor algum. Como afirma São Paulo: "acima de tudo, o amor!".

Inteligência emocional

A palavra inteligência, no seu radical latino, é formada do prefixo inter (entre) e o verbo legere (ler, juntar, reunir, mas também escolher, colher). O substantivo *intelligentia* está relacionado com o particípio presente do verbo *intelligere*, que significa perceber, compreender. Portanto, inteligente é aquele que lê nas entrelinhas, que lê com profundidade, que escolhe sabiamente entre uma coisa ou outra, que sabe discernir.

No passado, quando se pensava em uma pessoa inteligente se analisava a sua capacidade de aprender os conteúdos das diversas ciências nos bancos acadêmicos, desde o curso fundamental até o ensino superior. Para ser considerado inteligente, era necessário possuir um bom QI (quociente de inteligência), que era um valor obtido por meio de testes desenvolvidos para avaliar a capacidade cognitiva de uma pessoa. Esse famoso QI era observado através da capacidade ou incapacidade que o aluno possuía de armazenar o conteúdo ou as informações das ciências estudadas. Tal inteligência estava diretamente ligada à capacidade cognitiva da pessoa, ou seja, à sua capacidade de raciocínio e de desenvolvimento teórico e especulativo.

Hoje, com o avanço da neurociência, que é uma área da ciência que estuda o sistema nervoso humano, especialmente o cérebro humano, e com o desenvolvimento das ciências comportamentais, especialmente da psicologia, chegou-se à conclusão de que existem diversos tipos de inteligências, ou inteligências múltiplas, dentre elas, a tão comentada inteligência emocional. Embora o conceito de inteligência enfatize o aspecto cognitivo, como memória e resolução de problemas teóricos, vários estudiosos da neurociência e da psicologia reconhecem a importância dos aspectos não cognitivos da inteligência. Para quem pensava que inteligência tinha a ver somente com cálculos teóricos e raciocínio especulativo, a psicologia e a neurociência refletem hoje sobre a inteligência emocional e a consideram como uma faculdade fundamental para o ser humano se situar no mundo de modo equilibrado e feliz.

Como o próprio nome sugere, inteligência emocional é a capacidade que o ser humano deve ter para lidar com as próprias emoções e sentimentos. É a capacidade de reconhecer, avaliar e lidar com os próprios sentimentos e com os sentimentos dos outros.

A expressão "inteligência emocional" é comumente atribuída a Daniel Goleman, psicólogo e escritor, Ph.D. da Universidade de Harvard, nos Estados Unidos, porque foi ele quem popularizou o termo através da sua obra lançada em 1995, cujo título é *Inteligência emocional*. Porém, os responsáveis por fixar a teoria da inteligência emocional, através de artigos acadêmicos, foram os psicólogos e pesquisadores norte-americanos Peter Solovey e John D. Mayer, em 1990.

Afinal, o que é inteligência emocional? Daniel Goleman assim a define: "capacidade de identificar os nossos próprios sentimentos e dos outros, de nos motivarmos e de gerir bem as emoções dentro de nós e nos nossos relacionamentos". Para ele, a inteligência emocional é a maior responsável pelo sucesso ou insucesso dos indivíduos. Lembra que, no ambiente de trabalho, pessoas com qualidades de relacionamentos como afabilidade, compreensão e gentileza têm mais chances de obterem sucesso. Segundo a teoria da inteligência emocional, não basta competência técnica ou conhecimento específico na área para se realizar profissionalmente, é necessário também capacidade de gerir e administrar problemas internos e com os companheiros de trabalhos. Não basta ter inteligência cognitiva, também é preciso ter inteligência emocional.

Segundo Goleman, a inteligência emocional pode se apresentar a partir de cinco habilidades:

1. Autoconhecimento emocional: refere-se à capacidade que uma pessoa deve ter de reconhecer as próprias emoções e os sentimentos que ocorrem no seu interior. Existem situações específicas de crises e problemas em que esse exercício é ainda mais necessário.

2. Controle emocional: é a capacidade que uma pessoa deve ter para lidar com os próprios sentimentos,

adequando-os a cada situação vivida; situa-se nesse aspecto a questão do autodomínio emocional.

3. Automotivação: é a capacidade adquirida pela pessoa para orientar as emoções e colocá-las a serviço de um objetivo e da sua realização pessoal.

4. Reconhecimento das emoções das outras pessoas: reconhecer emoções no outro e empatia de sentimentos.

5. Habilidade em relacionamentos interpessoais: interação com outros indivíduos utilizando competências sociais.

As três primeiras são habilidades intrapessoais e as duas últimas, interpessoais. As duas últimas são importantes para a organização de grupos, negociação de soluções, empatia e sensibilidade social.

Para quem lida com a filosofia, a razão é o distintivo principal do ser humano, a sua diferença específica, aquilo que o faz propriamente humano. Porém, estou convencido de que o ser humano é mais emoção do que razão e que, em certos momentos, a emoção tem a capacidade de enganar a racionalidade humana, levando-a a uma cegueira completa. Porém, emoção sem razão pode gerar fanatismo ou alienação e, ao contrário, razão sem emoção pode gerar indiferentismo ou arrogância intelectual.

Conhecer-se para amar-se

"Conhece-te a ti mesmo!" Esta famosa frase atribuída a Sócrates, tão citada e tão comentada ao longo dos séculos, soa como um permanente convite a adentrarmos em nós mesmos para ter um conhecimento adequado de quem somos. O conhecimento de si mesmo é uma busca permanente, e a qualidade psíquica e espiritual da nossa existência dependerá desse conhecimento autoimplicativo.

Em geral, todo processo de conhecimento é exigente e requer muito esforço pessoal. Mas, quando se trata de autoconhecimento, os desafios e as exigências são ainda maiores. "Conhecer a si mesmo" é cultivar um estágio profundo de reflexão que nos permite tomar consciência de quem somos, quais as nossas virtudes, defeitos, inclinações e características mais relevantes. Para que o resultado seja satisfatório, exige-se máxima capacidade de interiorização, amor à verdade e muita honestidade no modo de afrontarmos a nós mesmos. A pergunta que norteia essa investigação existencial é: quem sou eu? Na busca de resposta a esta questão, muitos fatores podem interferir: a educação que tivemos, a visão que os outros nos transmitiram a respeito de nós mesmos, as experiências positivas ou traumáticas que fizemos ao longo da vida, o grau de instrução que possuímos etc. Essa verdade radical da nossa vida deve ser buscada no silêncio reflexivo da nossa existência e se dá no nível do intelecto e da razão.

Como o ser humano não é somente razão, mas também sentimento, emoção e pulsão, o conhecimento que cada um tem de si mesmo condiciona os sentimentos que nutre a seu respeito. Nesse caso, não estamos mais no nível intelectivo e racional da compreensão de si, mas no nível dos sentimentos, próprios do psiquismo humano. A pergunta que norteia essa busca existencial é: qual é o sentimento que temos a respeito de nós mesmos? Se o nosso autoconhecimento (que se dá no nível reflexivo) for negativo, os sentimentos que teremos em relação a nós mesmos serão consequentemente negativos. O contrário também é verdadeiro: se temos uma compreensão elevada e positiva de nós mesmos, cultivaremos sentimentos elevados a nosso respeito. Aqui entram os famosos complexos de inferioridade ou de superioridade, tão estudados pela psicologia. São complexos que brotam de uma autocompreensão errônea e que, por consequência, fazem com que desenvolvamos sentimentos também desvirtuados a nosso respeito. O ideal é que tenhamos um conhecimento verdadeiro e equilibrado de nós mesmos para que alimentemos também sentimentos maduros e ponderados a nosso respeito. A maturidade psíquica reside exatamente no fato de termos uma compreensão adequada e realista de nós mesmos e, consequentemente, nutrirmos sentimentos harmoniosos e realistas a nosso respeito.

O ser humano, além de ser um ser racional e de sentimentos, tem capacidade também de fazer juízo de valor sobre as realidades que lhe são externas, mas também sobre si mesmo. Disso decorre que o conhecimento de si (dimensão intelectiva) e o sentimento com relação a si mesmo que decorre daí (dimensão afetivo-emocional) levam o ser humano a uma autovaloração. O autoconhecimento gera um autossentimento e este, por sua vez, condiciona a nossa autovalorização. A pergunta que norteia esse momento existencial é: qual é o valor que conferimos a nós mesmos? Existem pessoas que, por causa do conhecimento negativo de si mesmas, nutrem sentimentos negativos a seu próprio respeito e, como consequência, não se amam, não se aceitam e não se valorizam. Para elas, a existência torna-se um peso e um fardo insuportáveis. Essa rejeição e negação podem ser visibilizadas, muitas vezes, através de posturas doentias de automutilação e autorrejeição. Isso resulta de um processo de autoconhecimento equivocado que, por sua vez, leva a um autossentimento inadequado e, por fim, a uma autovalorização errônea.

Diante do que foi exposto, percebemos que o ser humano, o ser mais nobre do universo, é também o mais complexo na sua estrutura constitutiva e na sua existência concreta: é um ser de razão, de psiquismo e com capacidade para julgar a si mesmo. A razão o leva ao conhecimento de si mesmo, o psiquismo o leva a um sentimento de si mesmo e a sua capacidade de julgar o leva a uma valoração de si mesmo. O conhecimento correto sobre si mesmo, pela razão, desembocará num sentimento adequado sobre si, pelo psiquismo, e naturalmente levará a uma relação sadia consigo mesmo. E essa relação sadia consigo mesmo é condição essencial para se manter relações maduras e sadias com o outro.

Nota-se que tudo tem origem no conhecimento adequado de si mesmo. Isso significa que temos que levar muito a sério o convite de Sócrates: "Conhece-te a ti mesmo!". O autoconhecimento é a base para a autopossessão, ou seja, a pessoa só será realmente "dona de si mesma" à medida que se conhecer bem e aprender a lidar com o seu "eu". E a autopossessão é uma condição indispensável para a autodoação, ou seja, só é capaz de se doar sem reservas quem se possui de verdade. Como provocação ao leitor, deixo estas indagações: que tipo de conhecimento você tem a respeito de si mesmo? Qual sentimento nutre por si mesmo? Qual o valor que atribui a si mesmo?

Édipo, Narciso, Prometeu e Sísifo: metáforas da condição humana

A mitologia é um jeito de "explicar" de modo fantasioso os fenômenos naturais, mas, principalmente, os fenômenos humanos. Mito não é mentira, é um modo poético de se debruçar sobre a realidade e de interpretar a própria existência com todos os seus paradoxos e contradições. Valho-me da riquíssima tradição mitológica da Grécia para colocar em relevo alguns aspectos da vida humana. Quatro narrativas míticas nos conduzirão nesta reflexão: Édipo, Narciso, Prometeu e Sísifo. O intento principal não é apresentar pormenorizadamente a narrativa dos mitos, mas interpretá-los sob uma chave existencial.

O primeiro mito, muito difundido por causa do seu uso pela psicanálise freudiana, é o de Édipo Rei, do grande Sófocles. Sabemos que esse mito narra a saga trágica de Édipo, que, enlaçado pelo destino, apesar de querer fugir dele, mata o próprio pai – Laio – e desposa a mãe – Jocasta. Quero acentuar neste artigo o sentido antropológico da morte do pai para a modernidade. Matar o pai significa matar o superego, as normas, a autoridade, aquilo que representa a figura paterna. Numa leitura mais livre, podemos afirmar que a sociedade moderna matou o pai porque se tornou desejosa de uma autonomia e de uma liberdade sem nenhuma referência objetiva de valor ou de norma. A busca por felicidade passou a ser uma conquista individual, egoísta e egocêntrica. A figura de Édipo, que assassina o pai, enlaçado pela Moira, torna-se a representação dos desejos humanos ocultos de autossuficiência e de viver de acordo com os próprios interesses e vontades, sem norma de comportamento ou de ação. A liberdade e autonomia adquiridas longe do olhar paterno (figura da norma e lei) plasmaram um ser humano libertino e ansioso por construir-se a si mesmo sem interferências externas. O problema é que o ser humano moderno conquistou a autonomia tão desejada, mas também se tornou doente psiquicamente. O filósofo contemporâneo Gilles Lipovetsky coloca em evidência esse paradoxo da sociedade atual, herdeira dos valores e contravalores da modernidade: sociedade livre, mas doente.

Outro mito popularmente conhecido é o de Narciso. Este revela bem o lado vaidoso, autossuficiente, egocêntrico e egoísta do ser humano. Caetano Veloso canta que "Narciso acha feio o que não é espelho". A cultura da intolerância, tão presente nos dias atuais, reflete bem essa realidade narcísica da sociedade. Tudo aquilo que não reflete (espelha) as nossas ideias, as nossas ideologias e os nossos desejos deve ser aniquilado e rejeitado. As pessoas na sociedade atual são altamente narcísicas, não somente por causa do culto à beleza física e corporal, mas por conta do apego exagerado àquilo que é espelho de si mesmas. Isso gera sérias dificuldades nos relacionamentos intersubjetivos: rejeitamos o outro por ser muito diferente de nós. O problema é que os seres humanos são diferentes uns dos outros.

Outro mito interessante, sob uma perspectiva antropológica, é o de Prometeu. Ele é um titã que ousou roubar o fogo dos deuses e o entregou à humanidade, e que, por isso, foi duramente castigado por Zeus. Ter acesso ao fogo simboliza ter acesso ao conhecimento, à técnica, o que representa uma abertura de possibilidades de transformação da natureza. Com o fogo, na mitologia, os seres humanos passaram a ter domínio daquilo que era próprio dos deuses, podendo usá-lo para o bem ou o mal.

Prometeu nos recorda a origem da técnica que desembocou na tecnologia do mundo contemporâneo. São realidades que desafiam o ser humano moderno e atual. Prometeu foi severamente castigado por ter entregue o fogo aos deuses, assim como a humanidade pode pagar caro pelo uso indiscriminado das tecnologias que, em si, podem ser importantes instrumentos agregadores de valores, mas que também podem tornar-se fontes de vícios, dominações e alienações, caso não sejam acompanhadas por sérios princípios éticos. Não sabemos por onde caminhará a tecnologia nos próximos anos, mas já podemos experimentar as inúmeras ameaças e perigos que ela representa para a humanidade. O jeito é aguardar para avaliarmos melhor!

Nosso quarto personagem mítico é Sísifo: ele era considerado um ser esperto e inteligente e, por isso, conseguiu ludibriar os deuses várias vezes. Porém, quando chegou ao mundo dos mortos, encontrou-se com aqueles deuses que havia enganado. Estes resolveram preservar-lhe da morte, mas lhe submeteram a um castigo eterno e terrível: realizar um trabalho exaustivo e sem propósito: ele deveria rolar uma enorme pedra montanha acima, mas, ao chegar ao topo, devido ao cansaço, a pedra desceria morro abaixo. Então Sísifo deveria novamente levá-la para o alto. Esse trabalho teria que ser feito todos os dias, por toda a eternidade.

O filósofo contemporâneo Albert Camus usa o mito de Sísifo como metáfora para ilustrar a vida dos seres humanos: a repetição de uma rotina diária sem sentido. Ele entende que a condição da vida humana é absurda e sem sentido. Por mais esforço que se faça para conseguir algo, os resultados serão sempre infrutíferos, irrelevantes e frustrantes. É bom ficar claro que Camus não acreditava em Deus, apesar de não gostar de ser considerado ateu, sendo assim, ele negava a possibilidade de haver um sentido último para a vida e para as ações que desempenhamos cotidianamente.

Esses quatro mitos gregos, cada um a seu modo, nos ajudam a pensar sobre aspectos específicos da nossa condição humana e da realidade hodierna. Que eles nos ajudem a refletir sobre nós mesmos!

As três sabedorias

Considerando que o ser humano é estruturalmente constituído de corpo próprio (dimensão somática e visível), psiquismo (mundo interno das emoções e dos sentimentos) e espírito (abertura da razão humana para a verdade e da liberdade humana para o bem), faz-se necessário ampliar também a compreensão que se tem de sabedoria humana. Considerando o ser humano na sua integralidade, apontarei três tipos de sabedorias que ele deve cultivar ao longo da sua existência, quais sejam: a acadêmica, a cordial e a teologal. Elas devem ser cultivadas de modo integrado e podem garantir ao ser humano um grau maior de realização humana e social.

A mais difundida e cultivada ao longo dos séculos, especialmente pelos gregos clássicos, é a *sabedoria acadêmica*. A academia foi a escola filosófica fundada por Platão entre os anos 386-385 a.C., na cidade de Atenas, nos arredores do bosque onde estava sepultado o herói Academo. Ali, ele se reunia com seus epígonos para exercitarem a arte da sabedoria. Portanto, sabedoria acadêmica é aquela que é adquirida através da frequência às instituições de ensino, do aprendizado com os professores nas escolas e universidades, do labor no ensino/aprendizado e na pesquisa.

Esse tipo de sabedoria confere ao ser humano o conhecimento das diversas áreas das ciências e lhe dá competência técnica para o exercício de determinada profissão. É na academia que se forma o médico, o engenheiro, o psicólogo, o advogado, o professor, o filósofo, o teólogo, o contador, o administrador de empresas etc.

A segunda modalidade de sabedoria pode ser chamada, livremente, de *sabedoria cordial*, vocábulo originado no latim que deriva de "cor", *cordis*, e que significa coração. Portanto, a sabedoria cordial é a sabedoria do coração. Diz o filósofo moderno Blaise Pascal que "o coração tem razões que a própria razão desconhece". Portanto, existe também uma sabedoria afetiva, uma sabedoria que brota do coração. Essa sabedoria refere-se ao cultivo dos valores humanos e não é, a princípio, ensinada nas escolas e universidades, mas sim transmitida através do ambiente familiar, da formação religiosa e da convivência social. É por essa razão que existem pessoas que nunca frequentaram a academia, mas que são muito sábias do ponto de vista cordial. São sensíveis praticantes e promotoras dos valores humanos.

A prática da sabedoria cordial manifesta-se nos valores humanos que abraçamos e que direcionam o nosso comportamento pessoal e interpessoal. Acolhimento ao outro, solidariedade, respeito, tolerância, capacidade de diálogo, equilíbrio para enfrentar conflitos e pressões, bondade e serenidade são alguns dos valores que brotam do coração e que refletem bem tal sabedoria.

É com o cultivo da sabedoria cordial que se forma qualquer profissional humano e humanizador. Dessa forma, o segredo para se obter sucesso na profissão e na vida não depende exclusivamente da competência técnica e científica alcançada por meio da sabedoria acadêmica. Exige também o desenvolvimento da sabedoria cordial, da sensibilidade para lidar com o ser humano.

Existe ainda um terceiro tipo de sabedoria, mais profundo, e que fundamenta as demais sabedorias já explanadas, a *sabedoria teologal*. O vocábulo teologal se refere à sabedoria que vem de Deus, é a sabedoria propriamente bíblica. Na Bíblia, a sabedoria se identifica com Deus, e abrir-se a Deus é abrir-se a essa sabedoria divina.

Sabedoria teologal é a arte de viver a vida na perspectiva da vontade e do olhar amoroso de Deus. Sábio é aquele que submete seus projetos de vida às orientações de Deus. Diz o texto bíblico que: "O Senhor dá a sabedoria e da sua boca vem a inteligência e o entendimento" (Pr 2,6). A sabedoria teologal é um dom de Deus, é a capacidade que Deus dá àqueles que se abrem à sua luz divina, ao seu modo de ver e julgar os acontecimentos à luz da fé. Quem cultiva essa sabedoria consegue ler a vida à luz da fé e enfrenta a existência de modo mais sereno e confiante.

A sabedoria teologal não é alcançada pelos meios acadêmicos nem simplesmente é fruto de um ensinamento familiar ou religioso. É mais... é abertura que acolhe a fé, é dom de Deus, é luz que vem do Espírito Santo. Ela é que dá sentido à existência humana. Portanto, as outras sabedorias encontram sua plena realização nessa sabedoria transcendental que confere sentido a tudo, inclusive ao exercício da profissão e ao ato de existir.

Atualmente, alguns acadêmicos e estudiosos tendem a colocar a sabedoria acadêmica em oposição à sabedoria teologal, como se fossem antagônicas e não complementares. A fé em Deus não é algo completamente irracional e, portanto, não nos torna menos capazes de fazer ciência ou de ver o mundo sob a ótica da análise natural. É verdade que fé sem razão vira fanatismo e leva a extremos, como, por exemplo, a posturas negacionistas. Mas é também verdade que ciência sem fé gera arrogância intelectual e fecha os horizontes para uma perspectiva mais comunicativa e dialogal do conhecimento e da vida.

Saudade: presença do ausente

Rubem Alves afirmava que "a poesia é um modo leve de dizer coisas pesadas!". Neste texto, optei propositalmente pela linguagem poética para descrever a saudade, realidade tão profunda na vida humana, mas tão difícil de ser tematizada através de um discurso lógico e racional.

Carlos Drummond de Andrade, no seu texto intitulado "Ausência", faz poesia sobre a saudade e nos ajuda a compreender, numa linguagem viva e intensa, que saudade é ausência assimilada, é uma realidade que ninguém pode roubar de ninguém.

Também Pablo Neruda, poeta chileno do século XX, nos ajuda a refletir sobre esse sentimento tão especial, mas, às vezes, amargo, no seu poema intitulado "Saudade":

> Saudade é solidão acompanhada,
> é quando o amor ainda não foi embora,
> mas o amado já...
> Saudade é amar um passado que ainda
> não passou,
> é recusar um presente que nos machuca,
> é não ver o futuro que nos convida...

Saudade é sentir que existe o que não existe
mais...
Saudade é o inferno dos que perderam,
é a dor dos que ficaram para trás,
é o gosto de morte na boca dos que continuam...
Só uma pessoa no mundo deseja sentir saudade:
aquela que nunca amou.
E esse é o maior dos sofrimentos:
não ter por quem sentir saudades,
passar pela vida e não viver.
O maior dos sofrimentos é nunca ter sofrido.

O que é a saudade? Atribui-se aos portugueses a criação do termo "saudade", proveniente da junção dos vocábulos "solidão" e "saudar". O povo lusitano é saudoso por excelência. Os historiadores da filosofia afirmam que os portugueses são os criadores da filosofia da saudade, um novo tema integrado à filosofia no século passado. Exemplo claro da afinidade entre os lusitanos e a saudade são os famosos fados, estilo musical português em que o fadista canta os sofrimentos, a saudade de tempos passados ou de um amor perdido, a noite, as sombras, as misérias da vida humana. Não obstante atribuir esse vocábulo aos portugueses, a saudade como realidade existencial transcende qualquer delimitação geográfica ou cultural, porque é uma das experiências humanas mais intensas. Em alguns países e culturas, não é possível traduzir esse termo, mas a riqueza dessa experiência existencial continua presente, de forma tão intensa e profunda, que se torna difícil até mesmo ser especulada ou tematizada.

O grande pensador, crítico literário, professor e escritor do século XX, o carioca Alceu Amoroso Lima, também conhecido pelo pseudônimo de Tristão de Athayde, define saudade como "presença da ausência". Quando uma pessoa querida ou uma realidade agradável não faz mais parte da nossa vida, nós a tornamos presente de outro modo, através da nossa memória, do nosso coração, recolhidos e gritando no fundo da nossa alma.

Carlos Drummond de Andrade, no poema "A um ausente", faz poesia sobre a perda de uma pessoa querida e a dor dilacerante da saudade que nasce dessa perda.

Só há saudade onde há amor! Sentimos saudade de realidades e pessoas que acresceram valores à nossa existência, fizeram nos sentirmos melhores e mais amados e, por isso, sua ausência nos torna mais pobres existencialmente. Portanto, sentir saudade é um modo de perpetuar, dentro de nós, a experiência do amor dado e recebido. Só não sente saudade quem nunca amou e quem nunca foi amado! Pobre existência!

Ser humano: ser que caminha e espera

O tema da esperança é um dos mais caros para a filosofia de Gabriel Marcel, filósofo francês contemporâneo. E é amparado por sua rica e profunda reflexão, contida na obra *Homo viator: introdução à metafísica da esperança*, através da qual desejo desbravar o sentido mais radical e intenso dessa irrecusável experiência humana.

O vocábulo existir, *ex-sistere*, chama a atenção para a realidade humana do abrir para fora, construir-se, caminhar num determinado sentido. Pensada sob essa ótica, a existência humana é um constante peregrinar, e esse é o modo mais próprio do existir humano. Ao contrário dos seres inanimados e dos animais, o ser humano existe, é manifesto, é inquieto existencialmente, por isso, é um ser que busca, deseja, anseia, projeta-se para o que ainda não é, com o propósito de ser mais do que é. Para Gabriel Marcel, "ser é estar a caminho", portanto, a existência envolve uma dinâmica peregrinação.

Refletindo sobre o sentido da vida, o filósofo francês descobre que o homem é essencialmente um ser itinerante, um ser viajante, um ser a caminho, um ser em marcha, um peregrino. Ele usa a expressão latina *homo viator* para evidenciar esta intrínseca condição humana. Depois de afirmar que o ser humano é um ser encarnado (ter um corpo) e situado (presente no aqui e agora), atesta ser este também um ser em marcha: "cheguei a ver cada vez mais com maior claridade a minha condição de ser não somente encarnado, mas itinerante, *homo viator*".

Gabriel Marcel não considera o ser humano itinerante do ponto de vista evolucionista, mas do ponto de vista ontológico. É um itinerário que se inscreve na ordem do ser e não na ordem da evolução biológica e científica do ser humano: "Ser é ser a caminho". Para ele, esse itinerário humano diz respeito não tanto ao corpo, mas à alma. Assim ele se expressa: "a alma é verdadeiramente viandante e, falando da alma, e dessa somente, se pode dizer com toda a verdade que existir significa estar a caminho. Nisso consiste a intuição profunda do espiritualismo de todos os tempos".

E por que a alma está a caminho? Gabriel responde: porque espera. Portanto, existe de fato uma ligação muito estreita entre a alma e a esperança. Assim afirma ele: "Estou propenso a crer que a esperança está para a alma como a respiração está para o organismo vivente; quando falta a esperança, a alma seca e se torna função, podendo tornar-se objeto de estudo para uma psicologia que conseguirá somente estabelecer a sede ou denunciar a falta".

É no âmago dessa consciência da itinerância, inserida na realidade trágica e concreta do mundo, que se situa a reflexão marceliana sobre a esperança. Se a "existência" é vivida como insuficiência, precariedade, "cativeiro" e "exílio" diante da "aspiração metafísica" e da "exigência ontológica" do *homo viator*, cabe à esperança ser o "viático do ser", o alimento para a jornada do ser, nesse caso, o ser humano.

Como Marcel define a esperança? Segundo ele, é impossível achegar-nos à esperança com as categorias do pensamento objetivo, empírico e problemático. Pois ela possui raízes em alguma parte do nosso ser que ainda não foi tocada pela experiência. Essa experiência é impossível de ser tocada, portanto, transcende a realidade empírica por escapar de cálculos objetivos. Assim afirma Gabriel Marcel, logo no início do capítulo sobre a metafísica da esperança: "No estudo como o que empreendo aqui, não poderia tratar-se de partir de uma certa definição cujo conteúdo nos empenharíamos em explicitar progressivamente, mas de recorrer melhor a uma certa experiência que tem que supor presente naquele a quem se dirige. Esta experiência é a do 'eu espero', como a experiência fundamental da fé é a do 'eu creio'" (*Homo viator*). Portanto, ele parte de uma constatação fenomenológica do "eu espero" para chegar a uma compreensão chamada por ele de hiperfenomenológica ou metafísica da esperança. Nesse sentido, não se pode pretender uma definição objetiva e clara do que vem a ser a esperança, a não ser a partir da experiência concreta do indivíduo concreto que espera. É por causa disso que se fala de uma fenomenologia da esperança. Ela é o ponto de partida para o estudo desse mistério humano. Diz o filósofo: "é um saber que está além do saber, mas um saber que exclui cada presunção, um saber concedido, um saber que é graça, mas nunca, de nenhum modo, uma conquista".

Para Marcel, todo ser humano, na sua existência concreta e pessoal, faz inúmeras experiências, e, dentre elas, as que mais possuem densidade existencial são as que ele chama de cativeiro: doenças, morte de um familiar, perda da liberdade, além de outras contrariedades da vida. Por causa dessas experiências, o indivíduo está sujeito a se desesperar. Mas, apesar disso tudo e contra toda previsão, ele tem uma capacidade enorme de renovação da esperança. Com efeito, essa esperança é uma atitude espiritual perante o conhecimento das situações dramáticas da vida (porque, frente a certas circunstâncias, o sujeito de esperança vive em estado de disponibilidade e de crença em sua superação), mas é também uma resposta a essas situações (porque esse sujeito não se deixa dominar pelo quadro desesperador em que se encontra). É essa crença na esperança que torna o indivíduo capaz de resgatar a integridade que, não raro, julga ter perdido. Nesse sentido, "a esperança verdadeira é a do doente que compreendeu que tudo pode não estar perdido, ainda que a cura não se dê", e ela não significa evasão, mas se revela como vontade cujo ponto de aplicação seria estabelecido no infinito.

O objeto da esperança, para Marcel, é muito importante. O que o ser humano espera? Alguém para almoçar, o filho que vai nascer, a libertação do sofrimento e da dor, algo a alcançar? Mas *esperar* não é só *ficar à espera* de que algo aconteça. O próprio *ato de esperar* é aberto à novidade; é nele que se faz sentir a luz velada da esperança e se define o essencial da transcendência. Nesse sentido, o filósofo francês distingue o desejo da esperança. *Esperar que* está mais enquadrado no quadro do simples desejo e desejar é sempre *desejar algo que*. Quando este algo não é alcançado sobrevém a frustração e a degradação da esperança. A esperança verdadeira é *esperar em*... esta esperança está acima do desejo de se conseguir algo.

Gabriel Marcel distingue também a esperança do temor. O temor se liga diretamente à incapacidade de realizar objetivos, bem como à perda de bens materiais e da própria vida. O ser humano teme perder a vida, teme não realizar seus objetivos, teme perder o que tem. Portanto, o desejo e o temor se situam no campo do "ter", e a esperança, ao contrário, se situa no nível do ser. Para o filósofo, a esperança funda-se no invisível, quando se passa do "eu espero que", que está fundado no desejo e no medo, para "eu espero em", que é um esperar no absoluto, no invisível. Na raiz de todo ato de esperar, há uma espécie de apelo, uma resposta do ser humano ao infinito.

Sob certo aspecto, esperar é um dar, em que a fé e esperança estão ligadas entre si. A fé num tu absoluto faz com que eu não considere o desespero uma traição. Esperar é permanecer fiel, mesmo em meio às trevas, pois pressupõe dar um crédito à realidade, à sua força criadora. A plenitude da esperança somente acontece no intercâmbio espiritual, ou seja, na participação do amor. Essa participação se dá na ordem fraterna do "nós", e não do "eu" isolado. Na visão de Marcel, um ser sem amor não pode ter esperança, porque amor e esperança conduzem o ser humano a superar a tentação de isolamento e o salvam de um esvaziamento empírico. Enfim, nesse contexto, a metafísica ou a reflexão sobre o ser tem como tarefa principal exorcizar o desespero a partir do "esperar em", que, em última análise, é o apelo do infinito e do absoluto ao ser humano, marcado por uma existência itinerante e sempre mais desafiadora.

A morte seria o trampolim para o cultivo da esperança, de acordo com Marcel. É diante da possibilidade mais possível da existência (a morte) que o ser humano se abre a um infinito, que confere absoluto sentido de valor ao finito que dá crédito à realidade que lhe transcende. A morte se torna então abertura para uma esperança absoluta. Num mundo sem morte, a esperança só existiria em estado embrionário.

Podemos concluir afirmando que esperar é manter sempre acesa a chama da utopia que, para Marcel, encontra seu fundamento último no transcendente, no absoluto. Lembro-me aqui da definição poética de utopia do escritor uruguaio Eduardo Galeano, na sua obra *As veias abertas da América Latina*: "Janelas sobre a utopia... ela está no horizonte. Aproximo-me dois passos... ela se afasta dois passos além... Caminho mais dez passos... ela corre, dez passos além... por muito que eu caminhe, nunca a alcançarei. Para que serve a utopia? Para isto. Serve para caminhar". Que sejamos embaixadores da esperança. Que possamos dar às pessoas a razão para esperar em... e não tanto esperar que... Como afirma Marcel, é preciso exorcizar a desesperança!

Conclusão

De modo despretensioso, quero me valer do conceito de "obra aberta", do filósofo contemporâneo Umberto Eco, para concluir este livro. Para esse pensador italiano, toda obra de arte é aberta porque não comporta apenas uma, mas várias interpretações, na medida em que a intencionalidade de quem a contempla interfere no modo próprio de absorvê-la. Creio que toda obra literária possui também sua dimensão de abertura, uma vez que apresenta ao leitor temas e assuntos que o tocam e o atingem a partir do seu "lugar existencial", que difere do "lugar existencial" do autor, no momento da escrita. Creio que aí reside o desafio e o perigo da escrita, mas também a sua beleza, riqueza e potencialidade.

Se toda obra literária é aberta, posso afirmar que este livro tem uma dimensão de abertura ampliada, pois trata de temas altamente existenciais, passíveis de serem interpretados, sentidos e vivenciados de modo completamente novo e especial por cada leitor, extrapolando a intenção originária do autor. São temas instigantes que tocam no fundo da alma humana, e será no recôndito da alma que cada leitor se sentirá interpelado e provocado a interpretá-los e assimilá-los. Há ainda um dado antropológico a ser considerado: em se tratando de uma obra que versa sobre questões de alta relevância humana, ela tem como objeto específico de análise e reflexão o ser humano, que possui na sua estrutura constitutivo-ontológica uma abertura que o caracteriza e o difere dos demais seres.

A título de exemplo, cito a seguir as reações de duas pessoas amigas diante da leitura da obra (antes da publicação) e que revelam o modo diverso como ela repercutiu na vida de cada uma delas: "A sua obra me absorveu de tal maneira a proporcionar uma experiência de grande desafio reflexivo. Muitas perguntas, interpretações, análises, tentativas de achar correspondência com os conhecimentos que pavimentam estradas e itinerários pelos quais percorro. Uma obra literária, um ensaio filosófico, existencial, metafísico, atestando seu talento como grande pensador e professor. Uma pródiga dedicação em estudos sobre nossa condição humana de criaturas em busca de sentidos que nos justifiquem na existência" (Valéria Bastos, psicóloga). Cito ainda: "Por linhas que ensinam, somos envolvidos pela curiosidade, pela vontade de sermos melhores e pelo desejo de conhecer cada parágrafo desta obra. Caminhando por títulos inspiradores, o leitor é levado a percorrer a própria vida e a olhar a realidade presente através de um 'crescente'. Nesta obra, somos convidados a ser, enfim: 'ser humano: ser que caminha e espera'" (Merania Oliveira Camêllo, presidente do Instituto Roque Camêllo).

Paradoxalmente, escrevo esta conclusão para afirmar que, na verdade, não há uma conclusão para este livro. Cada tema tratado está grávido de possibilidades tanto do ponto de vista literário-acadêmico quanto interpretativo e existencial. É um livro para ser lentamente "digerido", "assimilado", continuado na vida e na própria existência. A intenção inicial foi provocar o leitor a olhar para si mesmo, buscando uma compreensão mais alargada e profunda da vida e das multifacetadas realidades que enriquecem e desafiam a existência humana.

Sugestões de leitura

ALVES, Rubem. *A grande arte de ser feliz*. São Paulo: Planeta, 2024.

ARISTÓTELES. *Ética a Nicômaco*. 4. ed. São Paulo: Edipro, 2018.

ARISTÓTELES. *Metafísica*. 2. ed. São Paulo: Edições Loyola, 2002.

BAUMAN, Zygmunt. *Modernidade líquida*. Rio de Janeiro: Zahar, 2021.

BLANK, Renold. *Encontrar sentido na vida: propostas filosóficas*. São Paulo: Paulus, 2008.

BOFF, Clodovis. *O livro do sentido, vol. I. Crise e busca de sentido hoje (parte crítico-analítica)*. São Paulo: Paulus, 2014.

BOFF, Clodovis. *O livro do sentido, vol. II. Qual é, afinal, o sentido da vida? (parte teórico-construtiva)*. São Paulo: Paulus, 2018.

BUBER, Martin. *Eu e tu*. São Paulo: Centauro, 1974.

CENCINI. *Viver reconciliados: aspectos psicológicos*. São Paulo: Paulinas, 1998.

CENCINI. *O pai pródigo: história de uma vocação perdida e reencontrada*. São Paulo: Paulinas, 2006.

CORALINA, Cora. *Vintém de cobre: meias confissões de Aninha*. São Paulo: Global, 2001.

CURY, Augusto. *Filhos brilhantes, alunos fascinantes*. São Paulo: Planeta, 2007.

D'ÁVILA, Santa Teresa. *Obras completas*. São Paulo: Paulinas, 2018.

DE FINANCE, Joseph. *A tu per tu con l'altro*. Roma: E.P.U.G, 2004.

DENTZ, René. *Vulnerabilidade*. São Paulo: Ideias e Letras, 2022.

DRUMMOND DE ANDRADE, Carlos. *Sentimento do mundo*. 27. ed. Rio de Janeiro: Record, 2022.

ECO, Umberto. *Obra aberta*. São Paulo: Editora Perspectiva, 2020.

GOLEMAN, Daniel. *Inteligência emocional*. São Paulo: Objetiva, 1996.

HOLANDA, Aurélio Buarque de. *Dicionário Aurélio da Língua Portuguesa*. São Paulo: Nova Fronteira, 1986.

GALEANO, Eduardo. *Bocas do tempo*. São Paulo: L&PM, 2010.

GALEANO, Eduardo. *As veias abertas da América Latina*. São Paulo: L&PM, 2010.

HEIDEGGER, Martin. *Ser e tempo*. 10. ed., Petrópolis: Vozes, 2015.

HEIDEGGER, Martin. *Que é isto: a Filosofia?* São Paulo: Vozes, 2006.

LÉVINAS, EMMANUEL. *Totalidade e infinito*. São Paulo: Edições 70, 2008.

LIMA, Alceu Amoroso. *Em busca da liberdade*. São Paulo: Paz e Terra, 1974.

LIPOVETSKY, Gilles. *O império do efêmero*. São Paulo: Companhia das Letras, 1989.

MARCEL, Gabriel. *Homo viator: prolegómenos a una metafísica de la esperanza*. Salamanca: Ediciones Sigueme, 2022.

MOURNIER, Emanuel. *O personalismo*. São Paulo: Centauro, 2004.

NERUDA, Pablo. *Vinte poemas de amor e uma canção desesperada*. São Paulo: L&PM, 2020.

NERUDA, Pablo. *Últimos poemas*. São Paulo: L&PM, 1997.

PAPA FRANCISCO. *O nome de Deus é misericórdia*. São Paulo: Planeta, 2016.

PASCAL, Blaise. *Pensamentos*. São Paulo: Martin Claret, 2003.

PLATÃO. *Apologia de Sócrates*. São Paulo: Edipro, 2019.

PRADO, Adélia. *Miserere*. 7. ed. Rio de Janeiro: Record, 2013.

SANTO AGOSTINHO. *Confissões*. São Paulo: Loyola, 2008.

SANTO AGOSTINHO. *O livre-arbítrio*. São Paulo: Filocalia, 2019.

SANTO AGOSTINHO. *A aventura da graça e da caridade*. São Paulo: Paulinas, 2012.

SARAH, Robert; DIAT, Nicolas. *A força do silêncio: contra a ditadura do ruído*. 2. ed. São Paulo: Fons Sapientiae, 2017.

SÓFOCLES. *Édipo Rei*. São Paulo: Zahar, 2018.

WARE, Bronnie. *Antes de partir. Os cinco principais arrependimentos que as pessoas têm antes de morrer*. São Paulo: Editorial Geração, 2012.

Paulinas

Rua Dona Inácia Uchoa, 62
04110-020 – São Paulo – SP (Brasil)
Tel.: (11) 2125-3500
paulinas.com.br – editora@paulinas.com.br
Telemarketing e SAC: 0800-7010081